QUANT

THE **PERSᴼNS**

더퍼슨스는 한 산업 분야의 다양한 전문가들을 인터뷰하여 해당 분야에 대한 균형 잡힌 관점을 담는 인터뷰 컬렉션입니다. 일방향보다 다방향, 정체보다 변화, 독점보다 공유를 추구합니다. 더퍼슨스 시리즈는 다양한 분야에서 계속됩니다.

QUANT
Number-driven investment

Interviewer's Note

더퍼슨스를 시작합니다. '시작된다'가 아닌 '시작한다'라는 능동태로 표현한 이유가 저에게는 중요했습니다. 인터뷰를 처음 시작했던 2016년 10월부터 막연하게 생각했던 출간이 더퍼슨스라는 이름을 가지고 현실로 다가왔기 때문입니다. 누가 옆에서 하라고 떠민 일도 아니고, 생계를 꾸려나가기 위해 어쩔 수 없이 하는 일도 아니기에 더퍼슨스의 시작은 저의 온전한 의지를 세상에 선보이는 뜻깊은 매개체입니다. 홀가분한 마음으로 임했던 한편 광활하게 펼쳐진 백지 위에서 막막한 심정이기도 했죠. 반년이 조금 넘는 기간 동안 섭외, 인터뷰, 스크립팅, 편집, 교정을 거쳐 이 글을 쓰고 있는 지금이 그래서 더욱 감사할 따름입니다. 부디 이 책이 여러분에게도 제 의도를 온전히 전달하는 뜻깊은 매개체가 되어 단순한 종이 낭비가 되지 않기를 바랍니다.

더퍼슨스는 대화 형태로 구성했습니다. 제가 새로운 분야에 다가갈 때 사용하는 훌륭한 도구이기도 합니다. 책이나 논문, 구글링을 통해 특정 대상의 대략적인 모습을 그려보기도 하지만, 해당 분야의 전문가를 만나 나누는 대화는 어떤 방법보다 깊고 빠르게 핵심을 이해하는 데에 큰 도움이 됐습니다. 잔뼈 굵은 전문가가 자신의 일에 어떻게 접근하는지 바라볼 때면 참 황홀합니다. 그들의 관점과 태도만으로도 성숙한 통찰을 얻기에 충분했는데, 대화를 통해 자신의 의견을 직접 들려줄 때면 그 지적 폭발의 크기가 어땠을까요. 일방향이 아니라 서로 묻고 답하며 소통할 수 있다는 점도 마음에 들었습니다. 인터뷰를 진행하다 보면 어느새 질문지에 쓰여있지 않은 시시콜콜한 질문까지 묻고 있는 제 모습을 발견할 때도 있었죠. 그때만큼은 일이 아닌 대화의 즐거움에 푹 빠져있었습니다.

그 대화의 첫 번째 주제로 '퀀트(Quant)'를 선택했습니다. 퀀트라는 용어를 처음 접한 독자도 많을 듯합니다. 그만큼 더퍼슨스 첫 번째 주제 선정은 지극히 저의 개인적인 의도로 진행되었습니다. 금융을 공부했고 컴퓨터 프로그래밍을 활용해 강의하고 있는 입장에서 이보다 쉽게 접근할 수 있고, 전문적으로 이해할 수 있는 영역이 없다고 판단했습니다. 제대로 된 인터뷰를 하기 위해 좋은 질문을 던질 수 있어야 하는데, 다른 분야보다 좋은 질문을 만들 수 있는 여지가 많았던 거죠.

주위 사람들을 관찰하며 발견했던, 금융 교육 부재에 대한 아쉬움도 한몫했습니다. 아직도 주식 투자하면 패가망신한다고 알고 있거나, 세금계산서를 어떻게 발급해야 하는지는커녕 그 의미조차 모르는 사람들이 생각보다 많았습니다. 투자를 하는 사람이더라도 지인의 추천이나 소문에 기대어 지속 불가능한 방식으로 접근하고 있었죠. 이와 같은 비이성적 판단을 극복할 수 있도록 도와주는 역할을 퀀트가 담당하고 있습니다. 쉽게 흔들리는 인간의 직감이나 감정이 아닌, 객관성을 담보하는 '숫자'를 근거로 한 계량적인(Quantitative) 투자 접근 방식이 퀀트입니다. 이번 시리즈의 부제가 'Number-driven Investment'인 이유입니다.

프랑스 철학자 파스칼(Blaise Pascal)이 팡세(Pensées)에서 말했던 '인간은 자연에서 가장 연약한 한 줄기 갈대다. 그러나 그는 생각하는 갈대다'라는 문장이 이를 잘 표현하고 있습니다. 인간은 천재지변 한 번에, 소문 한 번에 감정이 소요되고, 모든 생활 체계가 무너질 수 있는 연약함을 가지고 있지요. 그 부족함으로 인해 발생하는 여러 위기와 문제점을 이성이라는 도구를 사용해 극복해왔습니다. 퀀트 역시 마찬가지입니다. 잊을만하면 광기가 찾아오는 금융 시장에서 건강하고 체계적으로 투자에 접근할 수 있도록 안내해줍니다. 어찌 보면 금융 발전 역사와 흐름을 같이하며 다듬어진 결정체라고 볼 수도 있겠네요.

본질적인 내용과 더불어 실용적인 부분도 다룰 수 있도록 편집했습니다. 국내 금융 제도권 실무에서 사용하는 분석 방법, 취업 및 전공과 관련된 조언 등 피부에 와 닿는 내용을 함께 담았습니다. 무엇보다 하나의 주제에 대해 서로 다른 의견을 제시하는 전문가들의 입장 차이도 눈여겨보시기를 추천합니다. 특히 효율적 시장가설, 개인 투자자의 퀀트 활용 가능 여부 등에 대해 각자의 논거를 들며 의견을 관철시키는 인터뷰이들의 모습이 인상 깊습니다.

책 뒷부분에 있는 용어 사전도 참고해 보시길 바랍니다. 어렵고 전문적인 용어들의 의미를 설명하기 위한 명목상의 존재 이유가 우선이지만, '현업의 전문가들이 주로 사용하는 단어들의 모음'이라는 의미도 담겨있습니다. 인터뷰이들이 속해있는 셀 사이드, 바이 사이드, 은행, 보험사, 학계 등 업계에 따라 사용빈도가 달라질지언정 대부분 호환이 가능한 개념입니다.

개인 투자자도 해외 시장으로 시선을 돌리고, 엑셀이 아닌 프로그래밍으로 투자를 분석하는 시대가 왔습니다. 더 넓고 깊은 세계를 마주하는 만큼 한 사람이 감당할 수 없는 양의 정보, 그것도 소음이 가득한 정보를 맞닥뜨리고 있죠. 이처럼 소음의 안개가 가득 낀 상황에서 베르나르 샤르트르(Bernard de Chartres)가 '거인의 어깨 위에 올라선 난쟁이처럼 우리는 고대인보다 더 많이, 더 멀리 볼 수 있다'라고 했던 말은 지금도 유효합니다. 자본주의 사회에 속한 이상 어떻게든 금융을 다뤄야 할 우리들에게 아홉 명의 인터뷰가 소음을 걷어내주었습니다. 여러 금융 거인들이 다져온 통찰을 그들의 어깨 위에 선 우리에게 올려다 줄 것입니다. 자, 안개는 걷혔습니다. 이제 이들과 대화를 나눌 차례입니다.

편집장 이시용

Interviewer's Note		v

Person 01.	**퀀트는 원칙을 지킨다** 남용수, 자산운용사 퀀트운용팀장		01
Person 02.	**퀀트는 필연적이다** 한태경, 자산운용사 PDI팀장		39
Person 03.	**퀀트는 수익률로 판단하지 않는다** 이현열, 보험사 데이터 애널리스트		75
Person 04.	**퀀트는 선택의 문제가 아니다** 강봉주, 증권사 퀀트 애널리스트		105
Person 05.	**퀀트는 개인화를 추구한다** 박원정, 은행 퀀트 연구위원		141
Person 06.	**퀀트는 일관된 의사결정 과정이다** 이민재, 투자회사 퀀트운용역		169
Person 07.	**퀀트는 임의성을 배제한다** 김대환, 경제학교수		191
Person 08.	**퀀트는 전천후다** 안혁, 증권사 퀀트 애널리스트		225
Person 09.	**퀀트는 넓고 자유롭다** 이기봉, 투자회사 대표		247

Dictionary	293
Interviewees	317

PERSON 01

퀀트는 원칙을 지킨다

남용수 자산운용사 퀀트운용팀장

PERSON 01
남용수 자산운용사 퀀트운용팀장

자기소개 부탁합니다.

한화자산운용에서 근무하는 남용수 부장입니다. 저는 미국에서 트레이더로 첫 커리어를 시작했어요. 처음 다닌 직장이 금융 위기 때 문을 닫으면서 다시 한국으로 돌아왔습니다. 한국에서 한화자산운용, DGB자산운용을 거쳐 직접 회사를 설립해 경영하기도 했습니다. 2019년에 다시 한화자산운용 퀀트 운용 팀에 합류했어요. 현재는 국내 연기금과 보험사 자금을 운용하고 있어요. 업무 외에는 한국퀀트협회 회장직을 맡고 있습니다.

담당 업무에 대해 더 자세히 듣고 싶습니다.

주식 운용 업무를 하면서 특정 기관이 정한 목표를 달성하는 역할을 하고 있어요. 주로 벤치마크 대비 초과 수익률을 안정적으로 달성해 달라는 요구를 받고, 이에 응하고자 노력합니다. 예를 들어 코스피 지수 또는 코스피 200 지수 대비 안정적으로 초과 수익률을 달성하는 식이죠. 개발한 퀀트 모델을 기반으로 포트폴리오를 구성해요. 구성한 포트폴리오 중 80%는 모델을 그대로 복제하고, 나머지 20%는 재량적으로 운용합니다. 신상품 및 모델 개발 등 마케팅 업무도 수행하고 있고요.

현재 운용하는 연기금, 보험사 자금마다 고유의 특성이 있겠네요.

보험사 자금은 연기금 자금보다 수익자와 운용자의 거리가 조금 더 가깝다고 봐요. 더 자주 마주치고 밀착해서 운용하죠. 연기금 자금의 경우 아무래도 운용기간이 길다 보니 운용하는 입장에서 편한 점이 있어요.

처음 퀀트를 접했던 계기가 있을 텐데요.

대학생 시절에 처음 접했어요. 그때 마침 벤처 붐 시기여서 많은 기업이 상장을 했고, 제가 처음 주식을 접했던 시기이기도 해서 소소하게 투자하면서 재미를 봤죠. 주식에 관심이 있던 와중에 '통신 이론'이라는 과목을 수강했어요. 휴대폰 작동 원리에 대해서 배우는 수업이었어요. 휴대폰이 전파를 보내면 벽이나 유리를 투과하면서 전파에 노이즈가 섞이게 되는데, 수신기가 전파를 받아 해당 신호가 0인지 1인지 확률적으로 예측한다고 하더라고요. 주식 시장을 살펴보니 이곳에도 많은 노이즈가 섞여 있어서 확률적으로 예측하면 겉으로 보이지 않는 트렌드를 찾아낼 수 있지 않을까 생각했던 거죠. 당시 금융수학을 전공하셨던 교수님을 찾아뵙고 아이디어를 말씀드렸더니 본인 연구실로 와서 공부를 조금 더 해보라고 말씀하시더라고요. 본래 전공이었던 전자공학 학위를 받고 대학원을 수학과로 들어가 금융공학을 공부했습니다. 그리고 미국으로 넘어가서 본격적으로 연구했어요.

전파를 분석해서 신호와 소음을 분류하는 일련의 과정을 들어 보니, 르네상스 테크놀로지[1] 설립 초기에 여러 신호 학자를 영입해서 자금을 운용했던 사례가 떠오릅니다.

   맞아요. 처음에는 장기적으로 자산 가격에 영향을 미

---

[1] 르네상스 테크놀로지(Renaissance technologies): 미국의 수학자 제임스 사이먼스(James Simons)가 본인이 연구했던 패턴 인식 이론을 실제 금융 시장에 적용해 보기 위해 1982년 설립한 헤지펀드다. 2019년 기준 $110B 규모의 자금을 운용하고 있다.

치는 펀더멘탈[2]이나 매크로 변수[3]보다 시장 안에서 일어나는 구조적인 현상에 더 관심을 가졌어요. 어떻게 하면 현상에서 드러나는 노이즈를 제거해서 본질적인 구조를 파악하고, 이를 모델링[4]해서 수익을 조금이라도 더 높일 수 있을지를 고민했죠. 미국에서 트레이더로 처음 일할 때에도 펀더멘탈보다는 수급이나 기술적 분석[5]을 많이 했기 때문에 적용할 수 있는 기회가 많았어요. 예를 들어 구조적으로 수급이 풍부해질 수

---

2 펀더멘탈(Fundamental): 특정 자산이나 자산 집단의 가치를 결정하는 데에 근간이 되는 요소들을 의미한다. 주식투자의 경우 재무자료, 사업성, 경쟁자 대비 차별성 등을 분석해 펀더멘탈의 강도를 추정한다.

3 매크로 변수 또는 요인(Macroeconomic factor): 지역 또는 범국가적으로 광범위하게 영향을 미치는 경제적, 재무적, 지정학적, 환경적 요인을 의미한다. 금리, 환율, 유가 등 세계 경제 전반에 영향을 미치는 경제 지표가 대표적이다.

4 모델링(Modeling): 금융 분야의 모델링은 포트폴리오를 구성하거나 해당 포트폴리오의 리스크를 측정하기 위해 사용된다. 여러 수리통계적 기법을 응용해 알고리즘을 구축하며 모델 개발자의 핵심 투자 아이디어가 반영되어 있다.

5 기술적 분석(Technical analysis): 주식 시장을 비롯한 금융 시장을 분석하고 예측하는 기법 중 하나다. 주로 가격 그래프(차트)를 이용해 분석한다. 기본적 분석과 대비된다.

밖에 없는 신호를 찾아서 매매를 하는 식이죠.

당시 막 금융 위기가 시작되는 시기였기 때문에 변동성이 커서 가격이 하루에도 10%씩 하락했다가 상승하는 패턴을 반복했어요. 레버리지 ETF[6]나 인버스 ETF[7]는 룰이 정해져 있기 때문에 시장의 등락에 따라서 종가에 매수하거나 매도해야 하는데, 이 신호를 유심히 살펴보고 있다가 한 틱[8], 두 틱 정도 수익을 내는 트레이딩을 많이 했죠.

본인이 속해 있는 업계의 관점에서 정의하고 있는 퀀트는 어떤 개념인가요?

'가치 투자'에 대한 정의가 한 가지가 아니듯 퀀트 투자도 여러 정의가 있다고 봐요. 제가 생각하는 퀀트 투자는 '가설을 세우고 데이터를 통해 이를 검증하고 검

---

6   레버리지 ETF(Leveraged ETF): 일반적인 ETF와는 달리 자기 자본 이외의 부채를 차입해서 투자하고 운용하는 ETF 상품을 말한다. 일반 ETF 대비 더 높은 수익률을 얻기 위한 전략이다.

7   인버스 ETF(Inverse ETF): 여러 파생상품을 사용해 기초 자산 가격 또는 지수가 하락할 때 수익을 발생시키는 전략 ETF 상품이다.

8   틱(Tick): 최소가격변동 단위로 거래소가 상품에 따라 정하는 가격 단위다.

증된 가설을 토대로 투자하는 일련의 과정'입니다.

과정에 속한 각 요소가 정량적(定量的)인 방법으로 이뤄진다고 이해하면 되겠군요.

그렇죠. 데이터를 검증하는 절차부터 계량적이죠.

그렇다면 정성적(定性的)인 분석은 배제되는 개념인가요?

정성적인 부분도 중요해요. 근래에 많이 회자되는 말처럼 인문학적 통찰도 중요하다고 하잖아요? 굉장히 공감해요. 가설을 세우는 과정부터 개인의 직관이 많이 반영돼요. 정성적인 과정이 포함될 수밖에 없어요. 금융의 어느 분야나 마찬가지예요. 트레이딩할 때도 매니저가 개발한 모델을 계속 사용할지, 멈출지, 새로운 대안책을 고민할지 인간이 판단해야 하기 때문에 정성적인 분석 과정을 무시할 수 없어요. 예를 들어 분석 대상 종목의 매력도를 분석하기 위해 모델링을 할 때, 특정 기업이 분할하거나 합병 또는 자산 취득을 할 경우 본래 데이터와 괴리가 생겨요. 특정 기업 이벤트가 모델링의 결과인지 원인인지 판단하는 것은 사람의 몫이죠.

소속된 퀀트 팀의 멤버 구성이 궁금합니다.

퀀트 본부 소속으로 스무 명이 있어요. ETF 전략 팀, ETF 운용 팀, 퀀트 운용 팀, 퀀트 리서치 팀으로 조직되어 있습니다. 직접 펀드를 운용하는 시니어 관리자들은 정성적인 판단을 매일 해요. 전체 포트폴리오 중 재량적으로 운용하는 20%의 자금을 어떤 분야에 투자할 것인지 사람이 직접 판단해야 하죠. 계량화된 모델을 복제해서 운용하는 80% 자금은 웬만큼 안정적으로 구축되어 있어요. 매일 들어오는 데이터를 관리하는 역할은 주니어 관리자가 담당합니다. 현재 운용하는 50개가량의 포트폴리오와 관련해서 갑작스럽게 중요한 기업공시[9]가 올라오면 확인해서 전달해주는 역할도 주니어 관리자가 하고 있습니다.

퀀트가 처음 우리나라에 소개되었을 당시와 비교하면 실무적으로 큰 차이가 있을 것 같습니다.

퀀트라는 용어가 우리나라에 처음 등장했던 시기는

---

9 기업공시(Corporate disclosure): 기업이 경영 관련 중요 정보(영업실적, 재무상태, 합병, 증자 등)를 이해관계자들에게 정기·수시적으로 공개하는 행위다. 투자자 스스로 자유로운 판단과 책임하에 투자결정을 할 수 있도록 하는 제도에 근거한다.

2000년대 초반으로 알고 있어요. 당시만 하더라도 차익거래[10] 위주였어요. 현물(現物)과 선물(先物), 선물과 옵션[11] 사이의 가격 괴리를 활용한 전략으로 사용됐죠. 포트폴리오로 추구하는 알파[12]가 아닌 차익거래를 통한 트레이딩 알파를 얻은 거죠. 2000년대 후반부터 국내에서도 국민연금 맨데이트[13]가 생기면서 선진 시장과 동일하게 팩터 모델[14]로 포트폴리오에서 알파를 내는 형태로 변했어요. 지금은 '퀀트'와 '펀더멘탈'을 합쳐서 데이터를 기반으로 펀더멘탈 분석을 하는 '퀀

---

10 차익거래(Arbitrage): 서로 다른 두 개 이상의 시장에서의 가격 차이를 이용하여 수익을 내는 거래를 의미한다. 주로 대형 펀드 등에서 프로그램을 사용해 짧은 시간 단위로 꾸준히 수익을 내는 방식으로 사용된다.

11 선물, 옵션(Futures, Option): 대표적인 파생상품이다.

12 알파(α): 특정 자산이나 포트폴리오가 벤치마크 지수 대비 얼마나 높은(혹은 낮은) 수익률을 거뒀는지 측정하는 지표다.

13 맨데이트(Mandate): 보통 금융 분야에서 맨데이트는 자금을 위탁한 기관 또는 개인 투자자가 자금을 운용하는 수탁자에게 운용 시 지켜야 할 조항들을 정리해 둔 지시사항을 의미한다.

14 팩터 모델(Factor model): 자산의 수익에 영향을 미치는 공통된 팩터를 발견하고 분석해서 특정 팩터를 통계적으로 정립하여 투자하는 모형을 의미한다.

터멘탈(Quantamental)'이라는 용어를 사용하고 있어요.

국내 제도권 퀀트의 경우 베타[15]를 추종하는 패시브 펀드[16]에 자금이 집중되어 있습니다. 이런 구조가 형성된 이유가 궁금하네요.

자산배분에 대한 관심이 상당히 커졌어요. 특히 퇴직연금과 같은 연금시장이 발달하고 투자의 기관화가 진행되면서 기관들이 자산배분시장에 뛰어들었죠. 적은 비용으로 시장 수익률을 달성하려고 하면서 베타 추종 전략이 대다수를 차지하게 됐어요. 미국의 경우에는 양극화가 진행되고 있어요. 인덱스 펀드와 헤지

---

15 베타(ß): 시장포트폴리오의 위험과 같은 기준이 되는 지표와의 상대적인 변동성비율 등을 의미한다. 개별 주식이나 포트폴리오의 위험을 나타내는 상대적인 지표다.

16 패시브 펀드(Passive fund): 증권시장의 장기적 성장 추세를 전제로 주가지표의 움직임에 연동되게 포트폴리오를 구성하여 운용함으로써 시장의 평균 수익을 실현하는 것을 목표로 하는 펀드를 말한다. 고수익을 위한 위험하고 적극적인 투자 대신 수익이 낮더라도 안정적이고 수동적으로 투자하는 방법으로, 지수를 목표로 하기 때문에 인덱스 펀드라고도 한다.

펀드[17] 시장으로 분리되고 그 사이에 있던 액티브 펀드[18]는 줄어드는 추세예요. 한국이나 중국, 일본 같은 자산시장도 비슷하게 따라가고 있죠. 이유는 주식 간 성과 차이가 크지 않아 액티브 운용으로 좋은 성과를 내기가 힘들기 때문이고, 종목 수가 줄어들면 줄어들수록 그 효과는 배가 되기 때문이죠. 예를 들어 다섯 종목의 수익률이 5%고 한 종목의 수익률의 20%라면, 전체 평균 수익률은 약 7%가 되죠. 종목 수를 압축하면 20% 수익이 난 종목을 편입하지 않는 이상 벤치마크[19] 대비 초과 성과를 낼 수가 없어요. 반면에 퀀트 투자는 종목을 선택한다기보다 여러 종목에 분산해서 베팅하기 때문에 아무래도 현재의 매크로 환경에서는

---

17 헤지펀드(Hedge fund): 여러 금융 기법을 이용하여 최소한의 손실로 최대한의 이익을 얻는 것을 목표로 하는 투자 방식 또는 투자 방식을 사용하는 펀드를 의미한다. 소수의 투자자들을 비공개로 모집하여 절대수익을 남기는 형태가 주를 이루며 리스크가 높고 정부의 규제가 적은 편이다.

18 액티브 펀드(Active fund): 뛰어난 개별 종목 또는 투자 전략을 적극적으로 사용해 시장 대비 초과 수익을 목표로 자금을 운용하는 펀드다. 보통 기업 탐방 등 정성적인 분석이 개입된다.

19 벤치마크 지수(Benchmark index): 특정 포트폴리오 성과를 평가하기 위해 기준이 되는 지수를 의미한다.

확률적으로 초과 성과를 내기가 쉬워요.

효율적시장가설(EMH)[20]과도 관련된 내용이죠. 현업에서는 EMH를 어떻게 바라보며 적용하고 있나요?

저는 개인적으로 적응적시장가설(AMH)[21] 이론을 더 신뢰해요. 매사추세츠 공대(MIT) 앤드류 로(Andrew W. Lo) 교수가 연구한 AMH 이론은 시장 상황에 따라서 EMH의 강도가 달라질 수 있다고 말합니다. 시장 참여자나 여러 변수로 인해 다른 강도를 보일 수 있다는 거죠. 시장은 계속 진화하고 있거든요. 1990년대 한국 주식시장에서는 가격이 싼 가치주만 잘 골라내도 큰 초과 수익을 얻을 수 있었지만 지금은

---

20 효율적시장가설(Efficient Market Hypothesis): 모든 정보가 현재 가격에 즉각적으로 반영되기 때문에 시장이 효율적이라고 표명하는 이론이다. 가격은 합리적이기 때문에 투자자들이 지속적으로 시장을 이기는 것은 불가능하다고 주장한다. 많은 투자자가 EMH와 시장 수익률을 이기기 위해 노력해 왔으며 워렌 버핏(Warren Buffett)이 대표적인 EMH 반대론자다.

21 적응적시장가설(Adaptive Market Hypothesis): EMH와는 달리 개인들이 과거 경험과 최선의 추측에 기반하여 의사결정을 하고 그 결과에 대한 긍정적·부정적 강화를 통해 선택을 수정할지 지속할지 학습하는 진화적 양상을 보인다고 주장하는 가설이다.

힘들잖아요. 시장은 계속 변하고 시장에 속한 참여자도 다르게 반응해요.

2013년에 유진 파마(Eugene Fama) 교수와 로버트 쉴러(Ro-bert J. Shiller) 교수가 동시에 노벨 경제학상을 수상했어요. 전통적으로 EMH가 금융학에서 궁극의 이론으로 받아들여졌다면, 지금은 행동경제학 분야도 양립하고 있다는 의미예요. 굉장히 수익을 잘 내는 헤지펀드가 있는 반면, 큰 자금을 운용하는 인덱스 펀드도 있잖아요. 알파와 베타가 동시에 커지고 있어서 AMT가 현실을 잘 표현해 주고 있다고 생각해요. EMH를 온전히 따른다면 제 전략도 필요 없거든요(웃음). 베팅을 더 할지 고민만 하면 되는 정도죠.

포트폴리오 운용을 위한 모델링에도 행동경제학[22]을 기반으로 가설을 설립하고 모델을 구축하나요?

행동경제학에 기반을 둔 모델도 있지만 단정하기는

---

22 행동경제학(Behavioral economics): 이성적이며 이상적인 경제적 인간(Homo economicus)을 전제로 한 경제학이 아닌 실제적인 인간의 행동을 연구하여 이들이 어떻게 행동하고, 이에 따라 어떤 결과가 발생하는지를 규명하기 위한 경제학이다.

어려울 것 같아요. 초과 수익의 원천이 시장 대비 리스크를 많이 지고 있기 때문인지, 인간 행동의 반복적 오류 때문인지 검증하기는 매우 어렵거든요. 다만, 스스로 납득할 수 있고 꾸준히 초과 성과를 낼 수 있는 모델을 만들어서 지속적으로 사용하고 있어요. 기업 이익의 꾸준함을 나타내는 모델이 좋은 예시인 것 같아요. 계속해서 이익을 내고 현금흐름을 잘 관리하고 무리한 투자를 하지 않는 기업들은 장기적으로 좋을 거라 생각하거든요.

그뿐만 아니라 시장 트렌드와 상황에 맞게 모델을 추가하거나 변형하기도 해요. 최근에 적용했던 사례가 있어요. 12개월 미래 이익 기준 주가수익비율(PER)[23] 데이터를 살펴봤습니다. 애널리스트가 앞으로 12개월 동안 예측한 PER을 기반으로 현재 한국의 시장 주가가 싼지 비싼지를 가늠해 볼 수 있는데 2010

---

23 주가수익비율(Price to Earning Ratio): 주가(Price)를 기업의 이익(Earnings)으로 나눈 비율이다. 기업이 창출하는 순이익 대비 시장에서 어느 정도의 가격으로 평가받고 있는지를 나타내는 대표적인 지표다.

년 이후로 최고점이더라고요. 주가자산비율(PBR)[24]로 보면 최저점이고요. 순이익 기준으로 보면 비싼 수준인데 순자산 기준으로는 싸다는 의미죠. 두 지표를 조합하면 자기자본이익률(ROE)[25]이 되는데, ROE 기준으로는 현재 가격이 낮은 수준이라는 결론을 내렸어요. 그렇다면 돈을 꾸준히 벌고 있는 기업 중에서 ROE가 높은 기업이 프리미엄을 받지 않을까 생각했어요. EMH 관점에서 보면 반대되는 결론이 나오죠. ROE는 보통 경기 순환에 따라 등락을 반복하는데, EMH는 시장 상황에 순종해야 한다는 입장이니까. 백테스팅을 해 보니 실제로 프리미엄이 있더라고요. 통계적으로 유의미한 수준에서 월 단위로 1~2% 정도 수익률 차이가 발생했어요.

---

24 주가순자산비율(Price to Book Ratio): PER과 비슷한 개념으로, 주가가 기업의 순자산(Book asset) 대비 몇 배의 배율로 시장에서 평가받고 있는지 나타내는 지표다.

25 자기자본이익률(Return on Equity): 기업의 순이익(Return)을 순자산(Equity)로 나눈 비율이다. 기업의 보유 순자산을 활용해 어느 정도의 순이익을 창출했는지 나타내는 대표적인 수익성 지표다.

시기나 섹터, 특정 사건 등에 따라 퀀트 전략의 효과성이 영향을 받은 사례가 있었나요?

네, 있어요. 데이터를 기반으로 하기 때문에 데이터에 반영되지 않은 내용은 분석하기 어려워요. 예를 들어 3, 4년 전의 아마존(Amazon Inc.)은 수치로만 보면 무척 비싼 기업이었잖아요. 이런 기업은 인수, 합병, 자산양수도[26]를 통해서 성장하기 때문에 전통적인 PER나 PBR보다는 인수를 통해 실제로 현금흐름이 창출되는지 모델링을 해요.

반면 바이오 분야의 기업 분석은 정말 힘들어요. 기업 가치가 임상 또는 신약의 개별적인 성공 혹은 실패에 따라 한 번에 반영되기 때문에 바이오나 헬스케어 섹터의 분석은 오히려 정성적인 분석을 많이 참고하는 편이에요. 모델링을 할 때도 이런 산업 분야는 제외하고 구축합니다.

시장에 따라 모델이 맞을 때가 있고 그렇지 않을 때가

---

26 자산양수도: 대상 회사의 유, 무형 자산 또는 부채의 전부 또는 일부의 개별적 이전을 의미한다.

있어요. 저는 주로 펀더멘탈에 집중해서 분석하기 때문에 시장이 심리에 좌우되는 구간에는 모델이 잘 안 맞을 수 있어요. 2018년 말이 대표적인 사례예요. 시장 전체가 크게 하락했다가 반등했을 때 낙폭과대 종목 투자가 단기간에 수익률이 좋아질 수 있어요. 사실 크게 주가가 하락한 종목들은 돈을 잘 벌지 못한다거나 재무 상태가 나쁜 기업들이 대부분이거든요. 반면 기존에 구축한 모델은 좋은 기업에 장기간 투자하는 전략을 추구하다 보니 이 시기에 성과가 안 좋았어요. 경험적으로 보면 이런 국면이 한 달 정도 지속됐기 때문에 이에 따라 대처하고 있습니다.

IT, 바이오 같은 분야의 기업은 밸류에이션[27]이 어렵기 때문에 퀀트 전략을 사용하더라도 정성적인 분석의 비중이 더 늘어나겠네요.

IT 분야의 경우 신규 모델을 적용하고 있어요. 미국 시장에서 M&A가 이뤄지면 해당 인수 가격을 새로운 팩터로 삼아 분석해 봅니다. 그러한 과정을 거치니 나

---

27 밸류에이션(Valuation): 기업, 업종, 시장 등의 평가 대상에 내재된 가치 대비 시장 평가 수준을 의미한다.

름 변별력이 생기더라고요. 바이오 분야는 아직도 연구 중입니다(웃음). 어려운 분야예요. 무리하게 투자를 시작하기보다는 일단 보류한 상태예요.

일반인도 퀀트 전략을 사용할 수 있다고 생각하시나요?

충분히 활용할 수 있다고 생각해요. 요새 블로그를 둘러보면 퀀트 투자에 대한 자료뿐만 아니라 강의도 굉장히 많습니다. 이런 콘텐츠를 통해서 자신만의 투자 철학을 만들어 가는 것이 중요해요. '할 수 있다'와 '돈을 벌 수 있다'는 의미가 다르다고 봐요. 투자는 10년을 하든, 20년을 하든 어려운 일이죠. 성배(聖杯)가 없고 계속 배워야 하는 분야이기 때문에, 모델 하나를 개발했다고 10년, 20년 계속 사용할 수는 없어요. 시장과 시장 참여자들이 계속해서 변하니까요. 중요한 점은 그때그때 기분이나 소문에 따라 투자하면 실패했을 때 왜 실패했는지 알 수 없다는 거예요. 설령 발전을 하더라도 발전이 더디죠. 퀀트를 사용해서 일관적으로 투자하면 복기하는 데 큰 도움이 돼요. 찰리 멍거

(Charlie Munger)가 '멘탈 모형[28]'을 말했잖아요. 퀀트 투자자가 자신만의 투자 틀을 만드는 데 좋은 경험이 될 수 있어요.

하나의 잣대를 만들어 판단할 수 있다는 장점이 있네요.

가장 좋은 점은 원칙을 지킬 수 있다는 부분이에요. 분석이 틀렸을 때와 맞았을 때를 정확히 구분 지을 수 있는 기준점이 된다는 의미죠. 틀렸을 때 왜 틀렸는지 상세하게 분석할 수 있어요. 바둑을 둘 때 복기를 하잖아요. 발전을 도모하며 어디에서 실수를 했는지 되짚어 보듯이, 투자에서도 어떤 잘못을 했는지 파악하고 다음에 더 나은 의사결정을 하기 위한 기준점으로 활용할 수 있어요. 큰 장점이죠.

자금의 성격을 개인과 기관으로 나눌 수도 있지만 주식, 채권, 부동산, 파생상품 등 자산군으로 분류할 수도 있습니다. 각 자산군에서 퀀트가 어떻게 적용되는지 궁금합니다.

---

28 멘탈 모형(Mental model): 인간이 모든 분야에 대한 지식을 학습할 수 없음을 인정하되, 다양한 분야의 지식을 습득해서 자신의 사고 체계를 발전해 나간다는 이론이다.

주식의 경우 데이터가 굉장히 많아요. 공시 데이터, 펀더멘탈 데이터처럼 사용할 수 있는 데이터의 종류와 양이 많기 때문에 상대적으로 퀀트를 적용하기 쉬워요. 가설도 많이 세울 수 있고 모델도 많이 만들 수 있죠. 채권이나 원자재, 다른 대체자산의 경우 특정 상품이나 종목을 선택하기 위한 전략보다는 자산배분 관점에서 차지하는 역할이 크다고 봐요. 예를 들어 브리지워터[29]가 운용하는 'All Weather'라는 이름의 펀드는 위험기반투자(Risk Based Investing)를 하되 각 자산군에 정성적인 분석이 가미되는데요. 그러한 정성적인 분석을 아우르는 과정에 퀀트 기법이 사용되고 있거든요. 자산군을 취합해서 어떤 식으로 자산을 배분할지 전략을 구상할 때 좋은 도구입니다.

위험기반투자를 언급하셨는데, 현재 국내에서도 다양한 퀀트 투자 방법이 활용되고 있는 것 같습니다.

요즘에는 워낙 최신 논문도 쉽게 접할 수 있고 교류

---

29 브리지워터 어소시에이츠(Bridgewater Associates): 1975년도에 레이 달리오(Ray Dalio)가 설립한 미국 헤지펀드다. 연금펀드, 재단, 외국정부, 중앙은행 등 기관 투자자들을 대상으로 1,200억 달러 규모의 자산을 운용하고 있다.

도 많다 보니, 국내에서도 해외 선진 시장의 투자 전략을 많이 사용합니다. 매크로 자산군이나 매크로 경제 상황에 따라 어떤 투자가 좋을 것인지, 주식에 투자한다면 어떤 주식 집합의 성과가 좋을 것인지 연구하죠. 여러 자산군에 투자할 때에도 각 자산을 어떤 식으로 배분해야 분산을 높여 위험을 최소화할 수 있을지 연구합니다. 저는 특히 주식에 많은 비중을 두어 투자하고 있기 때문에 퀀터멘탈을 중점으로 분석하고 운용하고 있어요.

퀀트 투자 분석에서는 탑다운[30]과 바텀업[31] 중 어떤 접근 방식을 활용하나요?

기본적으로 바텀업 방식으로 모델링합니다. 어떤 주식이 좋을지 먼저 분석하죠. 그다음 위험을 측정하는데, 이때 탑다운 방식으로 분석해요. 예를 들어 지금 운용하는 포트폴리오에 담긴 주식들을 바텀업으로 살

---

30 탑다운(Top-down): 거시경제에서 시작해 산업을 분석하고 기업을 가장 나중에 분석하는 방법을 의미한다.

31 바텀업(Bottom-up): 기업을 먼저 분석한 후 산업과 경제를 분석하는 방법을 의미한다.

펴보니 수출 비중이 높은 거예요. 환율이 급격하게 하락할 위험이 있다고 판단되면 탑다운으로 해당 주식들 비중을 줄이며 환노출[32]을 감소시키죠. 두 방식 모두 사용하고 있어요.

이런 방식을 사용할 때의 장점은 무엇인가요?

수익률을 결정짓는 요소는 무한하다고 생각해요. 제가 사용하는 바텀업 방식은 주가 수익률을 결정짓는 무수한 요인 중 일부분이라고 봐요. 즉 모르는 부분이 많다는 의미예요. 모르는 부분을 위험이라고 정의한 다음, 어떻게 이 위험을 제어해서 알고 있는 부분만 가져갈 수 있을지 생각하죠. 바텀업으로만 분석했을 때 알 수 없는 내용은 탑다운으로 중첩해서 분석합니다.

---

32 환노출(Exchange exposure): 환율 변동이 기업 가치에 얼만큼 변화를 주게 될지 사전에 측정하여 수량화한 개념을 의미한다.

한국적인 퀀트는 어떤 특성을 띠는지도 궁금합니다.

정통 주식 분야 퀀트보다는 ELS[33]나 ELW[34] 같은 파생상품 분야에서 먼저 활성화됐어요. 금융공학 포럼도 이미 오래전에 형성되어서 많은 전문가가 활동하고 있죠. 지금은 다시 주식 분야로 넘어오고 있어요. ELS나 ELW가 일반 개인 소비자들을 대상으로 했다면, 주식은 기관 투자자들이 투자할 때 어쩔 수 없이 편입해야 하는 자산이므로 퀀트 운용 자금이 늘어나고 있죠. 오랫동안 안정적인 수익을 원하는 기관 투자자들의 퀀트 맨데이트가 요구되는 상황입니다. ETF 시장에도 리테일 투자자들이 많이 몰리면서 성장하고 있어요. 지금 국내 시장은 퀀트 도입 초기 단계를 지나 발전 단계에 있다고 봐요.

시장 자체의 특성을 보면 종목 수가 적다는 단점이 있

---

33 파생결합증권(Equity Linked Security): 특정 주식 또는 다수 주식의 가격이나 주가지수 수치의 변동에 따라 지급 이익이 결정되는 증권이다.

34 주식워런트증권(Equity Linked Warrant): 특정 대상물을 사전에 정한 미래의 시기에 미리 정한 가격으로 사거나 팔 수 있는 권리를 갖는 증권이다.

어요. 글로벌 운용을 했을 때 대략 6,000 종목을 대상으로 투자 풀을 조성했어요. 통계 분석의 특성상 통계의 신뢰도는 표본 수에 비례하기 때문에 종목 수가 많을수록 유리하거든요. 한국 주식 시장의 경우 표본 수가 적기 때문에 신뢰도가 낮은 편이에요. 이 문제점을 극복하기 위해 정성적인 분석을 가미하여 시장 상황에 맞는 전략을 구사하려고 노력합니다.

앞으로 한국의 퀀트는 어떤 방향으로 발전하게 될 것으로 보나요?

미국의 3대 운용사가 블랙록[35], 뱅가드[36], SSGA[37]인데 모두 퀀트 운용사예요. 한국의 퀀트 발전 방향도 미

---

35 블랙록(BlackRock, Inc.): 1988년 래리 핑크와 로버트 캐피토 등 8명의 인원이 설립한 자산운용사. 주식형 펀드를 운용하는 기업으로 출발했으나 모기지저당증권(Mortgage Backed Securities) 시장에 진출한 후 단숨에 업계 상위권으로 도약했다.

36 뱅가드 그룹(The Vanguard group): 1974년 존 보글이 설립한 세계 최대 인덱스 펀드 운용사. 최초의 인덱스 펀드를 대중에 소개했다.

37 스테이트 스트리트 글로벌 어드바이저(State Street Global Advisors): 스테이트 스트리트 사의 투자 운용 부문으로써 세계에서 세 번째로 큰 규모의 자산을 관리한다.

국과 유사하다고 봐요. 헤지펀드와 패시브 운용의 양극화가 겉으로 드러나는 건 필연적인 과정이고, 기관 투자자 차원에서 투자의 과학화가 계속 이뤄지고 있다 보니 바뀔 수 없는 큰 트렌드라고 생각합니다. 해외와 마찬가지로 퀀트 분야는 지속적으로 성장할 것이라고 기대하고 있어요. 주식뿐 아니라 자산배분, 헤지펀드와 같은 파생 분야로도 시장의 크기가 계속 커질 것이라고 봐요.

현재 회장직을 역임 중인 한국퀀트협회도 한국형 퀀트의 발전을 위해 설립되었죠.

아직 퀀트의 대중화가 이뤄지지 않았다고 판단했고, 이를 타개하기 위해 한국퀀트협회를 설립했어요. 제대로 기반을 잡지 못한 퀀트를 이용해서 사실을 호도하는 모습을 목격했거든요. 기관 투자자들에게 투자의 과학화를 소개하기 위한 목적으로 운영되고 있습니다. 본래 몇몇 전문가의 스터디 모임으로 시작했기 때문에, 회원들이 연구 결과를 발표하는 시간도 갖고 있습니다. 지금은 꽤 규모가 커져서 매년 세미나를 개최합니다. 예전에는 금융 분야 전문가들이 주로 참석했다면 현재는 다양한 산업 분야 종사자들, 그리고 해외에서도 많이 참석하고 있어요. 사회 기여 측면에서도 많은 보람을 느낍니다.

일반인 입장에서 '퀀트'하면 고빈도 매매(HFT)[38]를 먼저 떠올립니다. 다만 국내에서는 거래세 등 여러 규제로 인해 현물 시장에서는 HFT가 활성화되지 않고 있죠. 추후 규제가 완화된다면 외국계 퀀트 운용사가 대거 진입할 것으로 예상하는 전문가들이 있기도 합니다.

정부 차원에서도 5년 이내에 현물 거래세를 없애기 위해 거래세 인하를 시행하겠다고 표명했죠. 해외에서도 이와 관련해 문의가 가끔씩 와요. 어떻게 진행되는지 궁금한 거죠. 선진 시장에서도 예전에는 알고리즘 싸움을 했는데, 요즘에는 모두가 비슷한 수준의 알고리즘을 보유하고 있으니 속도 싸움으로 변질됐어요. 국내 시장에 먼저 들어온 큰 규모의 운용사가 시장을 선점할 수 있겠죠. 다만 국내의 망 속도는 아직 국내 증권사 라인이 가장 빠르기 때문에 속도 면에서 비교 우위가 있는 반면, 알고리즘 전략 측면에서는 경험

---

38 고빈도 매매(High Frequency Trading): 초당 수백, 수천 번에 이르는 컴퓨터 프로그램에 의한 매매를 의미한다.

이 많은 해외 운용사가 유리하다고 봐요.

최근 금융 분야에도 머신러닝 기술이 적용되고 있습니다.

맞습니다. 머신러닝 전문가들이 금융 분야에 뛰어들었던 적이 있어요. 국내 유명 포털 사이트의 머신러닝 개발자 친구도 금융업에 뛰어들었다가 '금융은 아닌 것 같아'라며 손사래 쳤던 적도 있죠(웃음). 도메인 지식이 중요하거든요. 대부분 가격, 거래량 데이터를 분석해서 미래 가격을 예측하려고 하는데 HFT가 아닌 이상 힘들어요. 투자 기간이 길어지면 길어질수록 주가를 움직이는 요인이 펀더멘탈에 의해 좌우되기 때문에 관련된 재무 지식이 반드시 필요합니다.

머신러닝은 현재 다른 방식으로 적용되고 있어요. 예를 들어 저희 회사 글로벌 모델에서는 컨퍼런스 콜[39] 데이터로 감성분석(Sentimental Analysis)을 하기 위한 자연어 처리 연구를 하고 있어요. 부정적인 단어 사

---

39 컨퍼런스 콜(Conference call): 상장사가 기관 투자가와 증권사 애널리스트 등을 대상으로 자사의 실적과 향후 전망을 설명하기 위해 여는 전화 회의를 의미한다.

용 횟수, 복잡한 단어를 쓰는 빈도, 숫자를 많이 사용하는지 등을 측정해 컨퍼런스 콜의 유의미성을 파악하는 것이죠. 회사 대표나 IR[40] 담당자가 준비된 자료를 토대로 전달하는 음성에서는 초과수익 요인이 발견되지 않지만 질의응답 음성 데이터에서는 초과수익 요인이 발견돼요. 도출한 결론을 토대로 어떤 질문을 하면 유의미한 답변을 얻을 수 있는지 머신러닝을 통해 거꾸로 추정해 보는 연구를 생각하고 있어요. 앞선 사례들 모두 결국 재무에 대한 도메인 지식이 있어야 논리적인 결과를 찾아낼 수 있다는 반증이에요.

애널리스트 보고서에 대한 질문도 드리겠습니다. 퀀트 애널리스트의 보고서를 읽을 때 유의해야 할 점이 있을까요?

퀀트 애널리스트의 유형은 크게 두 가지로 나눌 수 있습니다. 첫 번째는 액티브 매니저들에게 정보를 제공하기 위한 애널리스트예요. 전체 퀀트 애널리스트의 70% 정도 돼요. 두 번째는 계량 분석 결과를 보고하기 위한 애널리스트죠. 개인 투자자들은 후자의 보고

---

40 IR(Invetor Relations): 투자자들을 대상으로 기업 설명 및 홍보 활동을 하여 투자 유치를 원활하게 하는 활동을 말한다.

서를 읽으면 굉장히 큰 도움이 될 겁니다. 어닝 서프라이즈가 발생했을 경우 미래 성과가 좋아진다는 보고서가 있다고 가정하면, 그 안에 언제 주식을 매수할지, 대형주가 좋을지 소형주가 좋을지, 매수한 후 얼마 동안 보유해야 하는지 등 무척 실무적인 내용이 많이 포함되어 있어요. 개인이 주식을 운용할 때 전문가의 연구 결과를 참고하면 큰 도움이 돼요.

반면 액티브 매니저들을 위한 보고서의 경우 현재 상황에서 어떤 전략이 좋을지 단편적으로 주장하는 내용을 담고 있어요. 그래서 헷갈릴 수 있어요. 어떤 보고서는 좋다고 하는데 또 다른 애널리스트의 보고서는 좋지 않다고 하고. 어떤 것이 맞는지 판단하기 어렵죠.

본질적인 질문입니다. 분석에 활용되는 데이터의 대부분은 과거의 데이터이기 때문에, 과거 자료를 분석한 인사이트가 미래에도 유효할지 의문이 들기도 합니다.

그런 의미에서 일단 수익률이 잘 나오는 모델을 만들었다면 그 자체로 대단한 성과예요. 좋은 모델을 만들었다는 가정하에 일정 기간 수익률이 유지될 가능성이 높아요. 전략도 모멘텀이 존재하기 때문이죠. 다만 시간이 지나면서 모델이 제대로 작동하지 않을 때가 문제예요. 과연 이 모델을 지속적으로 사용해도 될 것인지 판단해야 하는 시점이 옵니다. 오히려 더 큰 리스크를 감당하며 레버리지를 높일 수도 있고 이에 따라 더 큰 손실을 볼 수도 있죠.

이러한 문제를 타개하기 위한 방법은 크게 두 가지가 있어요. 여러 모델을 개발해서 자금을 분산하든가 정말 자신 있는 알고리즘을 개발해서 자금을 집중하든가. 탄탄한 가설을 세우고 데이터로 검증해서 투자를 집행하는 거죠. 저는 제가 개발한 모델에 대한 확신이 높기 때문에 모델이 제대로 작동하지 않을 때 더 큰 규모로 자금을 집중해서 기다리는 편이에요. 물론 단일 모델에 확신이 높다는 이야기는 아니에요. 통합 모델은 40여 개의 모델을 섞어서 사용하고 각각의 모델 검증을 매일 하고 있어요. 시장 상황에 맞는 모델, 그리고 구조적인 변화 때문에 성과가 나지 않는 모델은 과감하게 삭제합니다. 수년 동안 이런 과정이 지속되다 보면 수익자들도 시장 상황이 좋지 않을 때 이해를 해줘요.

중요한 부분을 언급해 주셨습니다. 퀀트 전략의 성공을 '처음에 정한 투자 원칙을 시장 상황에 휘둘리지 않고 지키는 것'으로 정의할 수도 있죠.

> 투자 원칙을 고수해야 한다는 점은 정말 중요해요. 하지만 본인이 개발한 모델과 시장 상황을 잘 이해하고 있다면 약간씩 변화를 줄 수도 있어요. 노래를 하거나 악기를 연주할 때 변주하는 것과 비슷해요. 기본기가 일정 수준 쌓이기 전까지는 원칙을 지켜야 하지만, 충분히 기본기가 쌓이고 올바르게 판단할 수 있는 잣대가 서 있다면 약간씩 변화를 추구할 수 있어요.

퀀트 분야의 특성상 전문적인 금융 지식의 습득뿐 아니라, 실제 분석과 운용을 위한 프로그래밍 능력의 중요도도 높아지고 있습니다.

> 프로그래밍의 중요도는 굉장히 높아지고 있어요. 데이터를 관리하고 전략을 검증할 수 있어야 하기 때문에 필수 능력이 됐죠. 다만 개인적으로 공대 출신보다 프로그래밍을 배운 문과 출신을 선호해요. 전자의 경우 기술적인 면에 너무 집착하기 때문에 오히려 시야가 좁아지는 경우를 많이 봤어요. 반면 문과 출신인데 프로그래밍을 배웠다면, 그 사실만으로도 '시야가 굉

장히 넓겠구나' 하는 생각이 들어요. 제가 속해 있는 본부에도 문과 출신이 많아요. 그런 의미에서 학생들에게는 경영과 컴퓨터 공학을 함께 전공하라고 권하고 싶어요. 재무에 대한 전문 지식을 기본적으로 갖춰야 하거든요.

미국과 같은 퀀트 선진 시장의 투자은행[41], 헤지펀드에서는 공대 전공자 위주로 채용한다는 기사를 어렵지 않게 접할 수 있습니다.

국내의 경우는 조금 달라요. 해외에서는 운용사나 증권사의 규모가 우리나라에 비해 무척 크기 때문에 분업화가 잘 되어 있어요. 반면 우리나라는 그렇지 않죠. 공대 전공이나 박사 학위가 필요조건은 아니에요. 오히려 학부를 졸업하고 취업한 다음 대학원 야간반을 다니면서 금융공학 석사 학위를 따는 경우도 종종 있어요.

---

41 투자은행(Investment bank): 도매금융, 즉 기업이 발행하는 증권의 인수·주선 등을 담당한다. 일반 상업 은행(Retail bank)과 구분된다.

퀀트 팀을 이끄는 리더의 입장에서 동료 채용 시 중요하게 보는 점이 있다면 무엇인가요?

학생 때 스펙보다는 한 가지 프로젝트를 기획해서 시도해 보는 게 중요해요. 저희 회사에 지원하는 신입 지원자들의 지원 서류를 볼 때 중요하게 보는 부분이기도 해요. 면접 때도 지원자가 진행했던 프로젝트에 대해 심도 있게 물어보는 편이에요. 지원자가 우리 팀에 합류했을 때 이론이 아닌 실제 업무를 진행할 수 있는지에 대한 판단 과정인 거죠. 여러 가지도 필요 없어요. 한 가지 프로젝트를 제대로 경험해 봤는지 살펴보는 편입니다. 태도도 중요하게 봐요. 순수한 열정이 있는지를 봅니다. 그리고 퀀트는 대부분 협업으로 진행되기 때문에 다른 팀원과 융합될 수 있는 둥글둥글한 성격을 가진 사람을 찾고 있습니다.

퀀트를 파악하는 데 도움이 되는 논문이나 도서가 있다면 추천해 주세요.

'Quality minus Junk'라는 논문이 있어요. 어떤 기업이 정말 좋은 기업인지에 대한 단서를 찾을 수 있어요. 가볍게 읽을 만한 책으로는 <돈의 물리학>을 추천해요. 금융 분야에서 계량적인 사고방식이 어떻게 적용되어 왔는지 소설처럼 풀어낸 책입니다.

업무 윤리에 대한 질문입니다. 돈을 다루는 금융업에 속해 있다 보니 윤리적인 측면에 더 민감할 것 같습니다.

증권사, 보험사가 아닌 자산운용사에 속해 있기 때문에 제 입장에서는 윤리가 더 중요하게 와닿아요. 증권사나 보험사보다 받는 돈은 적은데 굴리는 돈이 많다 보니까(웃음). 제가 하는 일이 사회에 어떻게, 얼만큼 기여하는지에 대한 깊은 생각과 큰 자부심을 가지고 있습니다. 사모펀드나 증권사에서 가끔씩 사고가 발생하잖아요. 펀드매니저로서 그런 사태가 절대 발생하면 안 된다고 생각해요. 내 자금이 아닌 기관들의 돈이고 다른 사람들의 퇴직연금을 운용하는 입장이기 때문에, 좋은 투자 기회가 보이더라도 펀드 자금보다 내 돈을 우선하면 안 되거든요.

마지막으로 개인적인 돈에 대한 가치관도 궁금합니다.

트레이더를 첫 직업으로 삼은 이유가 돈을 많이 벌고 싶었기 때문이에요. ETF 수급을 예측하는 모델을 만들어서 많은 돈을 벌면 5년 동안만 일하고 은퇴해야 겠다는 생각도 했었죠(웃음). 시간이 점점 지나면서 내가 돈을 벌수록 누군가는 돈을 잃게 된다는 사실에 회의감이 들더라고요. 돈을 벌면서 느꼈으면 좋았을 텐데 돈은 많이 못 벌면서 희의감만 느꼈어요(웃음). 지금은 일 자체가 즐겁기 때문에 돈 버는 것보다는 사회에 어떤 기여를 할 수 있을지 고민하고 있어요. 한국 퀀트협회에서 대학생들을 상대로 강의를 지속하는 것도 이런 이유에서죠. 과학적인 운용을 통해서 기관 및 개인의 목표를 달성하고, 우수 기업들의 자금 조달을 원활히 하는 직업에 도움이 되고 싶어요.

PERSON 02

퀀트는 필연적이다

한태경 자산운용사 PDI팀장

PERSON 02
한태경 자산운용사 PDI팀장

자기소개 부탁합니다.

> 삼성자산운용에서 10년간 근무 중인 한태경입니다. 컴퓨터공학과 통계학을 복수 전공하고, 대학원에서 금융공학을 전공했습니다. 현재 펀드 매니저로 일하고 있어요. 경력 초창기에 퀀트 애널리스트 업무도 담당했는데, 지금은 운용에 집중하고 있습니다.

담당 업무에 대해 더 자세히 듣고 싶습니다.

> 저는 PDI 팀을 맡고 있습니다. PDI는 'Process Driven Investment'의 약자예요. 과정(Process)이 있는 투자를 하자는 말이죠. 필연적으로 퀀트 모델이 필요할 수밖에 없어요. 객관적으로 정량화할 수 있는 데이터, 또 객관적이지 않지만 숫자로 설명이 가능한 모델링을 추구해요. PDI 팀의 목적은 첫째가 투명성, 둘째가 반복 가능성이에요. 주관을 최대한 배제하자는 것이 모토입니다. 주관이 개입될 수 있지만 그마저도 기록으로 남기자는 거죠. 주식뿐 아니라 채권, 구조화 상

품[1] 등 다양한 자산에 투자하고 있습니다.

말 그대로 일련의 과정이 정립되어 있겠네요.

굉장히 교과서적인 내용입니다. 주식형 펀드와 많은 관련이 있어요. 팩터 투자 계열의 주식 선택 모델을 사용해 어떤 주식이 좋은지 안 좋은지 판단해요. 종목 리스트를 만들어 둔 후에 특정 주식이 왜 이 포트폴리오에 담겨야 하는지 숫자로 환산하죠. 재무적 지식이 적용되어야 할 때도 있어요. 예를 들어 유동비율[2]이 똑같이 높은 두 주식이 있어도, 한 종목은 유동비율이 높을수록 좋지만 다른 주식은 그렇지 않을 수 있거든요. 정성적인 판단이 개입될 여지가 있죠. 물론 팩터의 성질이 변할 수도 있어요. 실제로도 변하고요. 더 좋은 팩터를 발견할 수도 있고 기존 모델이 오랫동안 작동하지 않는 경우도 발생할 수 있습니다.

---

1 구조화 상품(Structured products): 주식과 채권 또는 여타 기초자산의 결합은 물론 파생상품을 편입하여 맞춤형 수익구조를 구현하는 금융 상품을 말한다.

2 유동비율(Current ratio): 기업의 단기 채무 지급능력을 알 수 있는 기초적인 비율로, 유동자산에서 유동부채를 나누어 산출한다.

PDI는 설령 세부 팩터가 바뀌더라도 모든 내용을 기록으로 남기자는 철학을 가지고 있어요. 기록에 남기지 않으면 복기를 할 수 없거든요. 실패하더라도 운이 나빠서 그랬는지 우리 실력 때문인지 기록으로 남겨야 나중에 다시 분석할 수 있잖아요. 만약 운 때문이라면 확률 게임이니 현재의 포지션을 그대로 유지하며 전략적으로 버틸 수 있어요. 자의적으로 투자를 하면 발전할 수 없다는 것이 개인적인 생각입니다.

프로세스 기반 투자에 정성적인 판단도 개입된다는 점이 흥미롭습니다.

정성적인 분석의 최대 약점이 투자 기회의 상실이에요. 객관적이면서 정확하고 심도 있는 정성적 분석을 추구하려면 본인이 해당 분야를 잘 알고 있어야 해요. 하지만 모든 분야를 잘 알 수는 없죠. 반대로 말하면 늘 모르지는 않다는 말이죠. 가끔은 잘 아는 분야나 이벤트를 접하기도 합니다. 어떤 시장 이벤트가 발생했을 때 '이건 내가 잘 아는 내용이야'라는 확신이 들 때가 있어요. 이런 시점에서 정성적인 분석이 투자 판단에 가미되죠. 물론 대부분 퀀트 모델을 따라요. 과거에 성공했고 경제학적으로 통계적 근거가 있는 모델이니까요.

미국 헤지펀드 블랙록 최고경영자 래리 핑크(Laurence D. Fink)는 '아무리 퀀트로 접근해도 100% 객관적일 수는 없다'라고 말했어요. 팩터 선정에서부터 개인의 성향이 반영되거든요. 퀀트 모델을 사용하면 여러 팩터의 영향력 순위가 매겨지는데, 2009년에 래리 핑크가 개중 모멘텀 팩터를 유심히 살펴본 거예요. 일반적으로 모멘텀 팩터는 지속적으로 좋은 성과를 냈던 팩터인데, 앞으로는 성과가 좋지 않겠다는 생각을 한 래리 핑크가 익스포져[3]에 마이너스 부호를 붙이라고 해요. 모멘텀과 반대로 베팅하겠다는 의미죠. 물론 본인의 연구 결과에 따른 근거를 토대로 내린 판단이었어요. 실제로 알고리즘을 바꾸지 않았다면 급락했을 수익률이 다른 판단을 내린 덕분에 무척 좋은 성과를 냈어요. 이런 식으로 실무에서는 정성적 의사결정과 정량적 의사결정이 섞여 있어요. 다만 잘 모르겠으면 퀀트 모델을 사용해야죠. 장기적으로 보면 수익률을 설명하는 요인의 90%가 퀀트 모델이거든요.

---

3 익스포져(Exposure): 리스크에 노출되어 있는 금액을 의미하는 것으로, 노출된 리스크의 유형에 따라 시장리스크 익스포져, 신용리스크 익스포져 등으로 구분된다.

정성적인 분석과 정량적인 분석은 바라보는 투자의 시점이 서로 달라요. 정성적인 분석은 내가 산 주식을 심도 있게 분석해서 가격이 오를지 떨어질지 판단하는 데 목적이 있어요. 반면 퀀트 모델을 사용하는 사람들이 가장 두려워하는 점은 투자 기회의 상실이에요. '비트코인이 대박 났는데 나만 몰랐어'라고 말하는 사람이 있다면 퀀트 관점에서 실패했다고 봐요. 투자 기회를 잃었으니까. 퀀트 모델을 사용해 찾아낸 한 기업의 주가가 실제로 200% 상승했어요. 애널리스트들이 다루지 않는 종목이었거든요. 그들이 분석하기 시작하는 순간 가격이 오른 거예요. 이런 투자 기회를 잡기 위해 퀀트 모델을 사용합니다.

일반 개인 투자자도 퀀트 투자를 활용할 수 있는지 궁금합니다.

개인 투자자는 정성적인 판단을 배제한 채 퀀트 모델을 가지고서 죽도록 버티는 투자를 해야 한다고 생각해요. 제도권 펀드는 항상 투자하고 있어야 합니다. 개인은 투자하고 싶을 때만 투자할 수 있잖아요. 개인 투자자는 특정 조건이 만족되면 매수하고 조건에 만족하는 종목이 없으면 한 종목도 매수하지 않을 수 있죠. 퀀트 관점에서 펀드 운용은 상대가치에 집중되어 있고 개인 투자는 절대가치에 집중되어 있어요. 두 주체의 투자 접근법이 다르죠. 제도권 퀀트는 알고 있는 정성적인 정보를 포트폴리오 운영에 최대한 반영해야 해요.

제가 진행하는 수업도 개인 투자자들을 위한 강의였어요. 주식 관련 재무 데이터를 크롤링해오고 특정 조건으로 필터링한 후 데이터베이스에 쌓아서 계속 활용할 수 있는 정도면 개인 투자자가 충분히 퀀트를 사용할 수 있어요. 조건이 세세하면 세세할수록 몇개 종목만 걸러집니다. 예를 들면 미국에 자기자본이익률 50%에 연간 매출액 성장률이 3년간 평균 20%, 부채비율이 0%인 기업이 있었어요. 이런 기업이 없다고 생각하시죠? 글로벌 주식 6만 개를 대상으로 조사하면 나와요. 퀀트 투자를 하는 이유는 투자 기회의 향상이에요. 폭(Breadth) 또는 모집단(Universe)이 넓어진다고 표현해요. 좋은 기업을 찾아내는 확률이 높아지죠.

개인 투자자가 가지는 장점이 여기에 있어요. 기관 투

자자가 다루지 않거나 다루지 못하는 종목들이 있어요. 시장의 불균형을 잡아내는 데 개인 투자자가 유리한 지점이죠. 퀀트를 활용한 투자 기회를 찾지 않는다면 일반인이 받는 대부분의 정보는 기관으로부터 오는 정보예요. 비록 퀀트 모델이 정교하지 않더라도 합리적인 투자 아이디어가 녹아 있다면 기관 투자자보다 좋은 투자 기회를 먼저 찾을 수 있어요. 이런 측면에서 퀀트는 기관보다 개인이 접근하기에 적절해요. 300억 원 시가총액을 가진 주식은 기관이 매수를 못 해요. 그런데 그런 종목의 가격 상승률이 더 높을 확률이 있거든요. 제가 회사에서 활용하는 퀀트 모델의 투자 대상도 코스피 200으로 한정되어 있어요. 롱숏 페어[4]를 맞추기 위해 공매도[5]를 해야 하는데, 다른 종목들은 공매도가 불가능하거나 비용이 크거든요.

---

4 롱숏 페어링(Long-short pairing): 매수를 의미하는 롱전략(Long-strategy)과 매도를 의미하는 숏전략(Short-strategy)을 복합적으로 구사해 둘 이상의 투자 상품(또는 투자 종목) 간 가격 차이를 이용한 투자 수익 창출 전략을 의미한다.

5 공매도(Short sale): 가격 하락이 예상되는 시점에 시세차익을 내기 위한 전략이다. 자산을 보유하지 않은 상태에서 해당 자산을 차입해 매도한 후 결제일 이전에 다시 매수하여 매입자에게 갚아야 한다.

제가 퀀트에 처음 관심을 갖게 된 개인 투자자라면 성장률은 높은데 부채는 없고, 턴어라운드[6]해서 꾸준히 좋은 수익을 내는 말도 안 되는 조건을 설정해서 퀀트 모델을 실행해 볼 거예요. 컴퓨터 코드만 실행하면 되니 손해볼 것 없잖아요. 제가 직접 퀀트 모델을 사용해 글로벌 주식을 조사해 봤더니 인도네시아에 있는 땀방 바뚜바라 부낏 아쌈(Tambang Batubara Bukit Asam)이라는 종목이 나왔어요. 어이없죠(웃음). 무슨 일을 하는지도 모르는 회사인데. 이런 식으로 수많은 투자 기회를 발견할 수 있어요. 흔히 떠올리는 전통적인 액티브 펀드 매니저들은 이런 주식에 아예 접근조차 할 수 없어요. 인도네시아에 땀방 바뚜바라 부낏 아쌈이라는 종목이 존재하는지도 알 수 없는 거죠. 애당초 투자 기회가 없는 거예요. 퀀트 모델이라는 용어가 너무 포괄적이면 주식 선택 모델[7]이라고 용어

---

6 턴어라운드(Turn around): 구조조정·조직개혁·경영혁신을 통해 실적 개선 등이 이뤄진 넓은 의미의 기업 회생을 뜻하는데, 주식시장에서의 '턴어라운드'는 실적이 크게 개선돼 주가가 상승하는 기업을 말한다.

7 주식 선택 모델(Stock selection model): 가장 선호하는 특성을 지닌 주식을 골라내 해당 종목에만 투자하는 퀀트 전략이다.

를 바꿔서 접근해 보면 개인 투자자도 충분히 사용할 수 있죠. 저는 개인 투자자도 퀀트에 대해 알아야 한다고 주장해요.

개인 투자자 또는 이제 막 투자론을 배우기 시작한 학생의 입장에서 전문가들이 어떤 도구를 사용해 퀀트 모델을 개발하고 있는지 궁금할 것 같습니다. 흔히 사용하는 엑셀로도 개발이 가능한지, 아니면 더 정교한 프로그래밍 언어를 배워야 하는지요.

이 질문에 정해진 답은 없어요. 굳이 답하자면 '다다익선'이라고 말할 수 있겠네요. 많이 알면 알수록 좋죠. 다만 글로벌 6만 개 종목을 전부 분석하려면 '엑셀'만으로는 절대 불가능해요. 인도네시아에 있는 이름 모를 주식을 찾아낸 것도 파이썬과 SQL을 함께 사용했기 때문에 가능했어요. 일일이 회사 정보를 찾지 않고 컴퓨터가 자동으로 정보를 긁어 오게 하려면 웹 스크래핑[8] 기술이 필요하죠. 엑셀로 작업하려면 한국에 있는 회사로 한정 지어도 한국거래소(KRX) 홈페이지

---

8 웹 스크래핑(Web scraping): 웹 사이트 상에서 원하는 부분에 위치한 정보를 컴퓨터로 하여금 자동으로 추출하여 수집하는 기술을 말한다.

에 들어가서 각 회사 정보를 긁어 와야 해요. 3천 번 긁어 올 수 있겠어요? 프로그래밍 언어를 안다는 의미는 사고의 범위가 넓어진다는 뜻이에요. 엑셀만 사용하면 엑셀이 제공하는 기능에 사고가 한정돼요. 투자 기회 획득과 사고 범위 확장의 측면에서 아는 것이 많으면 많을수록 좋아요. 나이가 어릴수록 거부감을 갖기보다는 '일단 알아보자'라는 마음가짐으로 공부하면 좋아요. 뒷북칠 확률이 낮아집니다.

파이썬이나 R이 그렇게 배우기 어려운 언어는 아니에요. 오히려 엑셀 VBA는 외워야 하는 함수나 기능이 많잖아요. 파이썬이나 R은 체계적인 데다가 쉬운 수준으로 구현할 수 있어서 문과생도 사용하기 어렵지 않아요. C언어처럼 메모리 할당을 하거나 컴파일[9] 같은 귀찮은 작업을 하지 않아도 되거든요. 제자 중에 문과 출신으로 프로그래밍을 배워서 현재 저와 함께 일하는 친구가 있어요. 처음에는 엑셀도 제대로 못 다루던 친구였는데 지금은 엄청난 도사가 됐어요. 컴퓨터

---

9 컴파일(Compile): 특정 언어로 쓰인 코드를 다른 언어로 바꿔주는 컴퓨터 용어.

공학 전공자 입장에서 보면 그 친구의 코딩은 체계가 없어요. 하지만 금융권에서 필요한 코딩 수준이 30% 정도라면 그 친구는 이미 35%의 실력을 갖췄어요. 충분하죠. 대부분은 10%도 안되거든요. 저는 컴퓨터 공학을 전공했기 때문에 데이터 분석, 인공지능 뿐 아니라 웹 페이지도 만들고 게임도 만들 수 있어요. 하지만 금융권에서는 필요가 없다는 말이에요. 35%면 충분해요. 나머지 시간은 투자 공부에 쏟으면 돼요.

다만 그 35%는 엑셀 공부만으로는 절대 못 채워요. 근처도 못 가요. 백테스팅을 한다고 했을 때 엑셀 VBA를 엄청 잘 다루는 사람도 데이터를 모으는 데만 두세 시간이 걸려요. 파이썬 웹 스크래핑 코드와 SQL 데이터베이스를 사용하면 간단한 모델은 5분도 안 걸리죠. 한 사람은 5분 걸려 백테스팅을 하는데, 다른 사람은 세 시간 동안 데이터 모으기만 하는 거예요. 효율성에서 차이가 엄청나죠. 더 과장해서 말하면 엑셀로 일주일 걸릴 작업이 프로그래밍으로는 두세 시간이면 끝나요. 퀀트 분석에서는 시행착오(Try and error)를 많이 해 보는 사람이 전문가예요. 최신 논문이 나왔을 때 본인이 직접 구현하는 속도도 달라지죠. 논문 내용이야 결국 머릿속에서 휘발되기 마련이니 얼마나 많은 논문을 직접 구현해 보는지가 중요하다면 프로그래밍 모델 구현의 효율성이야 말할 것도 없죠.

더 나아가 머신러닝, 특히 딥러닝 기술이 금융 분야에도 적용되고 있습니다. 현재 어떤 수준까지 실무에 도입되고 있나요?

아직은 시행착오 중이에요. 10년 전에 제가 석사 논문으로 머신러닝을 활용한 환율 예측을 연구했었는데, 지금 회사에서 첫 프로젝트도 머신러닝을 이용한 코스피 200 예측 모델이었어요. 지금까지 작동하고 있다는 사실이 웃기죠(웃음). 아직 실험 단계라고 말할 수밖에 없어요. 모델링은 머신러닝이 주도하는 과정이 아니라 이에 앞서 입력값을 다루는 피처 엔지니어링[10]이 더 중요한 작업이에요. 머신러닝은 덧붙여질 뿐이죠. 제가 만들었던 자산배분 모델에 신경망을 넣든, 서포트 벡터 머신을 넣든, 로지스틱 회귀를 넣

---

10 피처 엔지니어링(Feature engineering): 원시 데이터로부터 데이터의 특성을 추출하고 이를 머신 러닝 모델에 적합한 형식으로 변환하는 작업이다.

든, 의사결정나무[11]를 넣든 결과가 다 괜찮았어요. 모델 자체보다도 입력값에 대한 심도 있는 연구가 더 중요한 변수였거든요. 머신러닝에 조금이라도 관심 있는 사람들은 보통 피처 엔지니어링까지 머신러닝이 해 주길 바라는 경우가 많은데, 저는 이에 대해 굉장히 회의적이에요. 별의별 일이 다 생기거든요. 심지어 논문에서 발췌한 숫자인데 단위 수가 이상해서 살펴보니 논문에 기재된 숫자가 잘못된 경우도 있거든요. 아직은 수많은 오류 사례를 기계가 정형화할 수 없어요. 어느 정도 사람이 데이터를 정제해야 해요. 머신러닝이 모든 것을 해 주길 바라는 기대는 사막에서 수백 년간 풍화작용을 거쳐서 모래시계가 만들어지길 기다리는 것과 같아요.

그럼 쉬운 변수만 다루면 되지 않냐는 의견도 있겠죠. 예를 들어 주가 데이터 하나만 주야장천 연구하

---

11 신경망(Neural network), 서포트 벡터 머신(Support vector machine), 로지스틱 회귀(Logistic regression), 의사결정나무(Decision tree): 모두 머신러닝 관련 주요 기법이다.

는 거죠. 그럼 과적합[12] 문제가 튀어나와요. 주가는 본래 주가 자체보다 외생변수[13]가 더 중요하거든요. 경제가 좋아서일 수도 있고, 산업 문제일 수도, 해당 기업의 경영자로 인한 영향일 수도 있어요. 이런 데이터는 깨끗하지 않거든요. 앞으로도 깨끗해지기 힘들 거예요. 이런 데이터를 그대로 머신러닝이 학습하면 잘못된 결과가 나올 수밖에 없죠.

또 머신러닝이 블랙박스(Blackbox)라는 점이 가장 큰 한계예요. 수십 개의 히든 레이어[14]를 사용해서 모델을 만들었다고 가정해 보면, 아무리 좋은 결괏값이 나오더라도 '왜'에 대해서 답할 수 없어요. '세 번째 레이어 특정 변수에 대한 가중치를 63% 매겼어요. 제

12　과적합(Overfitting): 모델이 실제 변수들 간의 관계보다는 과거 학습 데이터의 노이즈를 중점적으로 설명하는 경우를 말한다.

13　외생변수(Exogenous variable): 독립변수 이외의 변수로 종속변수에 영향을 주어 이를 통제하지 않으면 연구결과의 내적 타당도에 문제가 되는 변수를 의미한다.

14　히든 레이어(Hidden layer): 신경망 모델 안에 있는 여러 개의 뉴런층(Neuron layer) 중에서 입력층(Input layer)과 출력층(Output layer) 사이에 위치한 여러 뉴런층들을 의미한다.

일 최적화가 잘 되더라고요.'라는 해석에 대해 '왜?'라고 물어보면 답을 못 하죠. 게다가 정말 최적화가 되었다고 말할 수도 없어요. 데이터의 양이 얼마 되지 않거든요. 일별 경제 데이터라고 해 봐야 얼마나 되겠어요. 그래 봐야 몇만 개예요. 이 정도의 데이터를 빅데이터라고 해서 머신러닝으로 학습시킨다고 미래에도 그 결괏값이 계속될 것이라 확신할 수 없어요. 결국 상식과 통계라는 데이터 정제 과정을 앞 단계에서 거친 다음에 머신러닝을 활용해야 돼요. 사람이 판단하기 힘든 패턴을 대신 찾아주는 도구로 사용하면 훌륭하죠. 다만 머신러닝이 모든 것을 해결해 줄 것이라는 생각은 하지 말아야 해요. 공부해야 하지만 맹신하지 않아야 합니다.

그렇다면 인공지능 기술이 어떤 영역에 한정되어 활용되는지 궁금합니다.

자산운용은 투자 기간이 상대적으로 긴 편이라서 머신러닝의 직접적인 활용도가 낮은 편이에요. 다만 사무자동화 측면에서 많이 활용되죠. 만약 트레이딩 부서와 같이 단기 투자 분야로 관점을 돌려 보면 또 달라져요. 가상화폐 가격을 예측하는 모델을 머신러닝으로 구축했다면 저는 사람보다 잘할 수도 있다고 봐요. 아직 증명되지는 않았지만 가상화폐는 입력 변수가 가격밖에 없기 때문에 사람보다 패턴을 더 찾아낼 수 있죠. 또 가상화폐는 24시간 시장이 열리고 자주 매매하기 때문에 데이터의 양도 많아져요. 몇 만 개 수준이 아닌 몇 천만 개로 늘어날 수 있기 때문에 진정한 빅데이터를 활용할 수 있죠.

다시 관점을 넓혀 퀀트 투자 전반에 대한 질문을 드리겠습니다. 분석할 수 있는 데이터가 과거의 데이터이기 때문에 과거의 특성을 가지고 분석한 결과가 미래에도 지속될 것인지 유효성에 의문이 발생합니다.

끊이지 않는 반론이에요. 미국의 투자자 케네스 피셔(Kenneth Fisher)도 '역사는 반복된다'라고 했어요. '역사는 반복되지 않은 것 같아도 반복되더라'고 한 거예요. 이런 말도 덧붙였어요. '그래도 과거 데이터가 사람보다 낫다. 사람은 역사를 보지도 않기 때문이다.'라고. 사실 이 질문은 퀀트가 만능인지 따지는 거예요. '역사를 아는 사람과 모르는 사람 중 누가 더 나을까'라고 역으로 물어보면 당연히 전자를 택하겠죠. 퀀트가 만능은 아니에요. 당연히 예측값이 맞을 수도 있고

틀릴 수도 있죠. 하지만 확률적으로 역사를 들여다보는 것이 아예 안 보는 것보다는 나아요. 사람은 자의적인 해석을 하잖아요. 퀀트 모델을 사용하지 않으면 본인의 경험이 정보 해석에 영향을 미쳐요. 퀀트는 심지어 다른 투자자들의 관점까지 사용할 수 있잖아요. 한 사람의 자의적인 해석보다 다른 이들의 관점과 역사 데이터를 사용하면 성공 확률이 높아지는 게 당연하죠.

아예 자의적인 해석을 하지 말라는 이야기는 아니에요. 본인의 관점을 전략으로 수행할 때 퀀트를 활용해서 근거를 마련하라는 의미죠. 저는 게임 주식에 대해서는 귀신같이 알거든요. 게임을 워낙 좋아하기도 하고 게임 회사를 잘 알고 있어서 정성적인 분석을 해도 웬만해서 틀리는 경우가 없어요.

가장 먼저 물었어야 하는 질문인데요. 퀀트에 대한 정의를 어떻게 내리고 있나요?
 퀀트를 한마디로 정의하기는 사실 어려워요. '계량적인(Quanti-tative)'이라는 단어의 약자이기 때문에 숫자를 다루는 모든 영역이라고 말할 수도 있어요. 그래서 '어떤 사람이 퀀트다'라고 정의하기는 어렵지요. 액티브 펀드 매니저도 퀀트라고 할 수 있고, 상품을 개발하는 프라이싱 퀀트도 퀀트라고 부를 수 있어요. 심지어 퀀트 모델을 사용하면서도 본인은 퀀트가 아니라고 주장하기도 하죠. 다양한 분야로 나눠 볼 수 있습니다.

해외 퀀트와 국내 퀀트의 차이점이 있다면 무엇일까요?

퀀트가 미국에서 탄생했기 때문에 우리나라의 퀀트는 비할 바가 안 돼요. 우리나라 사람들의 지적 수준이 낮거나 기술이 떨어져서가 아니라 미국 시장의 크기가 크기 때문이에요. 시장의 크기가 크다는 말은 투자 기회를 발굴하기 쉽다는 의미이기도 해요. 수만 종목을 다루는 시장 대비 수천 종목을 다루는 시장의 발전 속도는 더딜 수밖에 없죠. 몇 백 종목만 다룬다고 하면 손으로 계산해서 발굴하나 퀀트 스크리닝[15]으로 발굴하나 차이가 크지 않겠지만, 미국 시장에서는 차이가 어마어마해요.

---

15 퀀트 스크리닝(Quant screening): 특정 조건(연간 매출 성장률, PER 등)을 기준으로 상장된 주식들을 분석하여 조건에 해당하는 종목들만 추려내는 작업을 의미한다.

한국도 국내 시장을 벗어나야 하기 때문에 앞으로 더 발전해야 합니다. 개인적으로 미래에도 국내 주식 시장이 정체될 가능성이 높다고 보는데, 그렇다면 해외로 진출해야겠죠. 지금까지 한국형 퀀트의 대다수는 한국 주식 시장만 바라보는 경우가 많았어요. 구조도 단순하고 능력치가 낮은 수준일 수밖에 없죠. 엑셀로도 다룰 수 있는 정도로. 해외로 나가면 이 정도 수준으로는 절대 안돼요.

예를 들어 중국 시장을 대상으로 한 퀀트 모델을 만든다고 가정해볼게요. 우리나라 한국거래소의 자료는 삼성전자면 삼성전자 한 종목의 주가 데이터, 재무 데이터가 보기 좋게 정리되어서 나와요. 반면 중국 주식은 일단 본토에서 발행된 주식인지, 홍콩에서 발행된 주식인지 나눠죠. 이렇게 이중 상장[16]된 주식이면 어떤 시장의 주가를 사용할 것인지도 정해야 해요. 더 복잡한 경우도 있어요. HSBC를 분석하려고 할 때 영국 법인의 데이터를 사용할지, 중국 법인 데이터를 사용

---

16 이중 상장(Dual listing): 한 종목의 주식이 둘 이상의 거래소에 상장되어 있는 것을 말한다.

할지 정하고 나면 의결권에 따라 A주, B주, C주로 또 나뉘어요. 매출액 기준을 영국 파운드로 계산할지 홍콩 달러로 계산할지도 정해야 하고요. 그럼 HSBC를 다루는 애널리스트는 영국 시장을 다루는 애널리스트일까요, 홍콩 시장을 다루는 애널리스트일까요. 데이터를 다루는 난이도의 차원이 달라요.

한국 시장에서 퀀트가 가끔씩 불신을 사거나 효과가 없다는 말을 듣는 이유는 투자 모집단이 작기 때문이에요. 투자의 성공은 통계적으로 대수의 법칙[17]을 따른다고 하잖아요. 분석 횟수가 많아질수록 결괏값 도출 확률의 정확도가 높아질텐데, 모집단이 작으면 시계열[18]을 길게 가져가야 해요. 그래야 분석 횟수가 많아지죠. 미국 시장처럼 모집단이 크면 기간이 짧더라도 분석의 질을 높일 수 있어요. PBR이 낮은 주식의 성과가 좋다는 가설을 검증하기 위해 다섯 개 종목을 분

---

17 대수의 법칙(Law of large number): 많은 횟수의 시도가 이루어지면 해당 시도의 평균값은 기대값과 가까워진다는 통계 이론이다.

18 시계열(Time series): 일정 시간 간격으로 배치된 데이터들의 수열을 말한다.

석히는 것과 수만 개 종목을 대상으로 하는 분석 결과는 완전히 다르겠죠.

그렇다면 앞으로 한국의 퀀트 분야가 어떻게 발전할 것으로 예상하나요?

필연적으로 발전할 수밖에 없어요. 한국 시장의 문제점 때문이죠. 투자 기회의 상실이라는 문제점입니다. 예전에는 1등 주식을 찾으면 100%, 200% 수익률이 발생했는데 지금은 1등 주식을 찾아도 20% 수익률밖에 안 나오는 상황이 된 거예요. 이를 타파하는 방법은 두 가지예요. 높은 수익률을 추구할 수 있는 시장을 찾든지 비용을 줄여야 해요. 고액 연봉 매니저를 내보내고 시스템으로 바꾸든지. 글로벌 시장으로 가려고 해도 퀀트가 필요하고 시스템으로 바꾸려고 해도 퀀트가 필요해요. 필연적이죠.

대표적인 사례가 스위스 주식 시장이에요. 한국 주식 시장의 1.5배 크기인데, 스위스에는 국내 주식만 다루는 펀드 매니저가 거의 없어요. 유럽 또는 글로벌 주식을 운용하죠. 국내에는 기회가 없거든요. 네슬레(Nestle), 노바티스(Novartis), UBS 같은 몇몇 대기업이 시가총액의 대부분을 차지하니까. 자연스럽게 글로벌 투자로 눈을 돌리면서 퀀트의 사용도도 높아졌죠.

국내 퀀트에서는 베타를 추종하는 인덱스 펀드의 비중이 큰 만큼 효율적시장가설(EMH)에 대한 논의를 해 보겠습니다. 현업에 있는 입장에서 EMH를 어떻게 바라보고 있나요?

일단 EMH는 말 그대로 가설이기도 하고 데이터를 봐도 EMH가 옳다고 볼 수 없어요. 시장에서 거품이 자주 발생하잖아요. 비트코인이 대표적이죠. 만약 시장이 효율적이었으면 그 높은 가격이 정당했어야죠. 하지만 그렇지 않잖아요. 비효율성은 언제나 있어요. 보통 현업에서는 EMH가 맞지 않다고 봐요.

EMH를 설명하기 위해 시장의 인덱스를 가정하잖아요. '인덱스는 주관적이지 않은가?', '코스피 200은 과연 시장을 대표하는가?'라는 더 근본적인 질문을 던져 볼 수 있어요. 코스피 200 구성 종목은 계속해서 바뀌어요. 자의적인 해석이 개입되죠. 오히려 시가총액이 높은 종목에 베팅하는 것이 또 하나의 전략일 수 있어요. 미국의 다우존스(Dow Jones)는 시장일까요? 다우존스는 시가총액 기준이 아니라 가격가중지수[19]이 기도 하죠. 시장이라는 정의부터 모호해지는 거예요. EMH가 논리적인 정합성은 있지만 현실에서는 와 닿지 않는 측면이 존재하는 이유예요. 이론을 부수는 수많은 이상치가 존재하잖아요. 모멘텀 팩터만 봐도 EMH를 한참 벗어나지만 유의미하거든요. 파마-프렌치 3 요인 모형[20]에서 4 요인 모형으로 바뀌었고 근래에는 5 요인 모형으로 바뀌었어요. 학계에서도 받아들인 내용이에요. 그럼 학계에서 말하는 시장의 정의는 무엇이냐고 물으면 황당한 거죠. 나중에 유진 파마 교수도 EMH는 이론적인 접근이지 실질성은 떨어진다고 직접 언급했어요. EMH가 시장의 기준점을 제시해 주는 역할을 한다고 생각해요. 하지만 실제와 다를

---

19   가격가중지수(Price-weighted index): 특정 지수를 산정할 때 지수에 포함된 각 주식 종목의 평균주가를 계산해 나타내는 방법이다.

20   파마 프렌치 모형(Fama-French factor model): 1992년 유진 파마 교수와 케네스 프렌치(Kenneth French) 교수가 제시한 모형으로 주가의 기대수익률을 결정하는 요인은 시장요인(Market risk), 규모요인(Size risk), 가치요인(Value risk)으로 구성된다는 이론이다. 이후 영업수익성(Profitability)과 자본투자(Investment) 요인을 추가해 5요인 모형으로 발전했다.

수 있다는 점은 알아야 해요. EMH 관점에서 적절하게 설정한 가격과 현재 시장 가격의 괴리를 찾아내는 역할을 퀀트가 하는 거죠.

현업에서 주로 사용하는 퀀트 전략에는 어떤 종류가 있는지 궁금합니다.

종류가 많아요. 저는 주식 모델링, 채권 모델링, 자산배분 모델링, 머신러닝이 적용되는 모델, 간단한 형태의 모델 등이 있고, 주식 모델링 안에서도 절대가치 모델과 상대가치 모델로 나눠 사용해요. 개인 투자자도 접근할 수 있는 종목 스크리닝이 대표적인 주식 퀀트 방법이에요. 재무 데이터뿐 아니라 가격 추세 같은 기술적 요소도 반영해서 본인이 생각하는 좋은 주식의 기준을 잣대로 종목을 필터링하는 방식이죠. 펀드 매니저는 상대가치를 주로 관찰해요. 유동비율이 높은 주식과 낮은 주식 중 어떤 주식의 성과가 더 좋을지 분석하기도 하고 회계 부정을 판별해 내는 요소를 적용하는 세련된 방식도 활용하죠.

채권은 접근 방식이 달라요. 채권은 확정된 만기수익

률(YTM)[21]이 존재하니 특정 채권이 특정 기간 안에 부도가 날지 안 날지를 판단해요. 부도 발생 여부를 판단하는 재무 데이터, 시장 지표 등을 분석하죠. 자산군과 운용 목표별로 다른 방식을 사용해요.

팀의 멤버는 어떻게 구성되어 있나요?

한 명은 카이스트 수학과를 졸업했어요. 재미있는 점은 이 친구가 정성적인 분석을 많이 한다는 점이에요. '팀장님, 이 회사의 부채비율이 많이 줄기는 했는데 일시적인 현상이라 우리 모델에는 어울리지 않아요. 제가 이 회사에 대한 조사를 많이 해 봤는데 지금 숫자는 믿으면 안돼요'라는 식이죠. 그렇다고 모델링을 못하지도 않아요. 주식 선택 모델을 자유자재로 다루고 팩터 테스트도 잘해요.

또 한 친구는 서울대 컴퓨터공학 박사 학위를 취득하고 싱가포르에서 퀀트 개발자로 5년 정도 경력을 쌓

---

21 만기수익률(Yield To Maturity): 현재 시점에서 채권을 매입하여 만기까지 보유하는 경우에 투자자가 얻을 수 있을 것이라고 예상되는 연간 평균수익률을 의미한다.

고 왔어요. 기술적으로 뛰어난 친구라서 웹 스크래핑으로 수급 데이터, 게시판 데이터를 가져와서 분석해보고 투자 아이디어를 데이터에서 도출해내기도 해요. 데이터를 전략으로 치환하는 역할이죠.

저는 기본적인 모델의 구조를 설계하고 상품에 대한 요구를 정리합니다. 만약 고정적인 현금흐름을 담보로 채권 투자 상품에 대한 요구를 받으면 어떤 채권 종류를 포트폴리오에 담고 레버리지는 어느 수준까지 적용해야 할지 정하는 거죠. '만기는 몇 년이고 몇 퍼센트 기대수익률을 가정했습니다'라고 전달해주는 역할까지. 이렇게 총 세 명이에요. 운용사는 그렇게 많은 인력이 필요하지 않거든요.

팀 멤버의 전공을 간략히 언급했는데, 퀀트 분야로 진로를 희망하는 학생들의 입장에서는 전공 분야도 고민이 될 겁니다. 특히 문과 전공자라면 프로그래밍을 더욱 어렵게 느끼겠죠.

참 어려운 질문이에요. 제 경험이 일천하다 보니. 저는 컴퓨터학과를 전공하면서 SoC 연구실에 잠깐 있다가 병역특례도 못 받고 군 생활을 다 했어요. 보직이 소총

수였는데 컴퓨터 한 번 못 만지고 2년 동안 총만 쏘다가 왔어요(웃음). 군대에서 갓 전역했을 무렵에는 저도 일반 문과생과 전혀 다르지 않았죠. 다시 사회로 돌아왔을 때 전공 실력이 많이 뒤처지겠다 싶어서 통계학도 같이 배웠어요. 첫 수업이 하필 어셈블리어[22]여서 죽어났죠. 미친 듯이 공부했어요. 그 뒤로 꾸준히 장학금을 받을 정도로 열심히 했어요. 저도 컴퓨터공학을 전공했지만 모든 건 노력 여하에 달렸지 문과인지 이과인지는 중요하지 않아요. 따라잡으려면 따라잡을 수 있어요. 컴퓨터를 전공한 친구들 중에도 전공 공부를 포기한 친구들이 의외로 많아요. 코딩하기 어렵다고요. 게다가 금융 분야에서 사용하는 코딩을 생각하면 포기할 이유가 전혀 없다고 봐요. 문과 출신이라는 이유로 포기하는 사람은 포기하고 싶어서 포기하는 거라고 생각해요.

보통 퀀트 분야에서 직업을 갖기 위해 거치는 경력 경로(Career path)는 무엇인가요?

---

22 어셈블리어(Assembly language): 기계어와 일대일 대응이 되는 컴퓨터 프로그래밍 언어 중 저급 언어다.

제가 여러 직장을 다녀 봤으면 다양하게 답변을 할 텐데 계속 한 직장에서 근무하다 보니 어려운 질문이에요. 제 사례를 말하자면, 저는 인턴 생활로 시작했어요. 당시 저와 함께 인턴 생활을 하던 친구들 중에는 저보다 스펙이 뛰어난 친구들이 많았어요. 스탠퍼드 대학교 박사 출신, 프린스턴 경제학과 수석, 올림피아드 만점자도 있었죠. 그런데 제가 최종 합격했어요. 회사에서는 지금도 이유를 알려 주지 않는데(웃음).

2009년 당시 알파고가 등장하기도 전이라 머신러닝에 대해 전문가 말고는 개념도 모르던 시기였거든요. 제가 썼던 논문 주제가 머신러닝과 관련된 내용이어서 회사 차원에서 필요한 부분이라고 생각했던 것 같아요. 다른 회사였다면 인정해 주지 않았을 수도 있죠. 결국 직원이 회사의 부족한 부분을 채울 수 있는지를 판단해요. 또는 부족한 부분이 아니더라도 기존의 멤버들과 다른 특성을 가진 사람이라면 눈여겨보죠. 현재 업계에서 데이터 사이언스에 대한 수요는 많은 편이에요. 비용 절감이나 투자 기회 발굴은 데이터 기반으로 접근할 수밖에 없거든요. 이와 관련한 능력을 보유하고 있으면 취업하기 수월할 수 있어요.

퀀트 전문가로 발돋움하기 위해 추천하는 전공 분야가 있다면요?

시대적이에요. 지식의 반감기가 짧아진 시대가 됐어요. 선배들처럼 대학에서 배운 지식을 사회에서 20년 동안 사용할 수 있는 시대가 아니에요. 계속 공부를 해야 한다는 거죠. 끊임없이 학습해야 하기 때문에 처음부터 응용 학문을 배우기보다 기초 학문을 배웠으면 해요. 대학생 시절이면 딱 좋잖아요. 지루하지만 수학과 물리학 같은 순수 학문을 배워 두면 좋아요. 몇십 년간 크게 변하지 않았고 모든 응용 학문의 근간이 되거든요.

퀀트 전문가로서 일을 하기 위해 갖춰야 할 사고방식이 있을까요.

네, 있어요. 선입견이 없어야 해요. 문과생이 스스로에게 갖는 선입견도 마찬가지고요. 한 가지 재미있는 사례가 있어요. 어떤 사람이 어려운 게임을 끝판까지 가는 데 16시간 동안 363번 도전했다고 해요. 저는 워낙 게임을 좋아해서 10번 만에 끝냈거든요(웃음). 그런데 끝판을 깨고 난 뒤의 실력은 그 사람이나 저나 별 차이가 없어요. 코딩도 마찬가지예요. 중간에 멈추지만 않으면 돼요. '너무 어렵다. 내 길이 아닌가'라는 생각이 드는 시점을 잘 넘어가는 사람이 있고 못 넘어가는 사람이 있어요. 누구나 멈추지만 않으면 넘길 수 있어요. 제 후배들에게도 말하거든요. 스펙 좋은 사람이 처음에는 더 잘하는 것처럼 보여도 나중에 가면 똑같아지니 걱정하지 말라고.

금융 분야에서는 그렇게 많은 기술을 요구하지도 않아요. 퀀트는 재능 많은 사람이 활보하는 분야가 아니거든요. 컴퓨터 기술과 금융 지식의 균형을 맞추는 것이 중요하죠. 아무리 뛰어난 인공지능 개발 기술이 있더라도 투자와 관련해서 사용할 수 있는 기술의 범위는 한정되어 있어요. IT 회사처럼 프로그래밍 개발을 주로 하는 직무가 아니기 때문에 포기하지만 않으면 좋겠어요. 두뇌 차이보다 학습 의지가 더 중요합니다.

퀀트를 제대로 공부해 보고 싶은 이들을 위해 도움이 될 만한 자료를 추천해 주세요.

아직 국내보다는 해외 자료의 질이 더 좋아요. 국내 도서에는 '이렇게 하면 이렇게 된다'라는 식의 단정적인 표현이 많아요. 결과가 다르게 나올 수도 있잖아요. 이런 표현은 좋지 않거든요. 책의 경우 학술적인 내용도 어느 정도 포함되어야 해요. 학자들이 수많은 연구를 통해 밝혀낸 결과이기 때문에 무시할 수 없거든요. 이런 학술적인 면에서도 국내 도서는 아직 부족한 부분이 있어요. '결과가 이렇게 잘 나왔어요' 하는 식의 내용이 많아요.

반면 외국에는 배경 설명이 잘 나와 있는 책이 꽤 있어요. 대표적으로 김대환 교수님(7장 인터뷰이)의 <Quantitative Equity Portfolio Management: An Active Approach to Portfolio Construction and Management>가 있습니다. 유명하죠. 그리고 어스워스 다모다란(Aswath Damodaran) 교수님의 저서인 <투자 철학(Investment Philosophies: Successful Strategies and the Investors Who Made Them Work)>이 있어요. 퀀트와 직접적으로 관련된 책은 아니지만, 왜 퀀트적인 접근이 필요한지 잘 정리되어 있습니다. <Quantitative Momentum: A Practitioner's Guide to Building a Momentum-Based Stock Selection System>라는 책도 처음에 접근하기 좋은 책이에요.

퀀트가 자산 시장에서 어떤 역할을 하고, 시장에 어떤 영향을 미치는지도 궁금합니다.

퀀트가 더 중요해질 수밖에 없어요. 심지어 현재가 퀀트의 바닥이라고 할 수 있을 정도로 말이죠. 앞으로는 투명성이 중요해지는 시대가 될 거예요. 펀드 매니저가 '그냥 나를 믿고 자금 맡겨 봐'라고 할 수 있는 시대가 아니에요. 다짜고짜 내 돈을 맡길 수 있겠어요? 예전에는 맡겼어요. 나보다 전문가가 더 많이 알겠거니 하면서.

지금은 밀레니얼 세대가 주축이 됐죠. 뭐든지 의심부터 하고 보는 세대예요. 정보가 더욱 투명해져야 하죠. 상대방을 설득하려면 객관적인 자료가 기반이 되어야 해요. 이들이 40대, 50대가 되면 결국 주요 자산가가 되겠죠. 객관적이고 수치화된 자료로 학습해 온 밀레니얼 세대가 곧 시장이 될 거예요. 밀레니얼 세대는 본인이 판단하고 싶어 하지 무조건 다른 이에게 맡기려고 하지 않아요. 은행 직원이 어떤 펀드가 좋다고 추천하면 은행 수익률 높이려고 하는 거 아니냐고 오히려 되묻잖아요. 투명성을 확보하기 위해 필연적으로 퀀트가 중요한 역할을 할 수밖에 없는 시대가 됐어요.

이에 관련하여 금융 윤리 역시 빼 놓을 수 없는 중요한 개념입니다.

맞아요. 제가 좋아하는 책 중 하나가 1940년에 출간된 <고객의 요트는 어디에 있는가(Where Are the Customers' Yachts?: Or a Good Hard Look at Wall Street)>라는 책이에요. 펀드 매니저는 돈을 엄청 벌어서 요트를 타고 다니는데 정작 고객들은 가난한 상태인 거죠. 매매를 자주 하면 할수록 증권사는 이익을 얻을 수 있잖아요. 수수료 수익을 얻을 수 있으니까요. 고객의 이익이 아닌 회사의 수익을 어떻게 늘릴지를 고민하기 시작하면서 여러 상품을 권유하고 갈아타기를 유도하게 돼요. 예전에는 이런 꼼수가 먹혔을지 몰라도 이제는 아니죠. 고객과 회사 모두 윈윈할 수 있는 구조로 만들어야 해요. 고객이 먼저 돈을 벌고, 운용사는 고객의 돈을 벌게 해 줬으니 보수를 받아가는, 모두가 기분 좋은 이런 구조를 만들어야 영속할 수 있다고 봐요.

PERSON 03

퀀트는
수익률로 판단하지 않는다

이현열 보험사 데이터 애널리스트

PERSON 03
이현열 보험사 데이터 애널리스트

자기소개 부탁합니다.

이현열이라고 합니다. 증권사, 운용사를 거쳐서 지금은 보험사에서 데이터 분석 업무를 담당하고 있습니다. <Henry's Quantopia>라는 블로그도 운영하고 있어요. 학부를 마치고 대학원을 졸업한 이후 증권사 주식 운용으로 사회생활을 시작했어요. 1년 반 정도 일했죠. 그러고 나서 운용사에서 소위 펀드 매니저로 3년간 일했어요. 지금은 보험사에서 일하고 있네요.

퀀트 관련해서 어떤 업무를 하고 있나요?

운용사에 있을 때는 통계에 기반한 포트폴리오 운용 업무를 했고, 현재 보험사에서는 데이터 사이언스 업무를 하고 있어요. 보험 데이터를 분석해서 미래를 예측하고 어떻게 대응할지 전략을 수립하는 일이죠.

퀀트를 어떻게 처음 접하게 됐는지 궁금합니다.

대학교 입학 후 주위 친구들이 주식을 시작했어요. 그런데 단 한 번도 수익내는 것을 본 적이 없어요. 그래서 주식으로 돈을 벌 수 있다는 사실을 안 믿었죠. 군대를 다녀와 복학하고 취업을 준비해야 하는 상황이 됐어요. 그때 학교 선배들의 권유로 한 학회에 가입했어요. 금융공학회였죠. 그곳에서 배웠던 기법이 차익거래였어요. 말 그대로 수식만으로도 돈을 벌 수 있는 거죠. '통계적인 기법을 사용해서 위험 없이 돈을 벌 수 있구나'라는 생각을 처음 하게 됐어요. 무척 건방진 생각이었지만 많은 돈을 편하게 벌 수 있겠다고 생각했어요. 그런 생각을 가지고 퀀트 공부를 시작해서 대학원까지 들어갔죠. 물론 차익거래가 실전에서는 실현하기 어려운 아이디어였지만요(웃음).

대학원에서는 어떤 학문을 전공했나요?

금융공학이에요. 기본적으로 파생상품 설계를 배우지만 그에 앞서 금융 전반, 컴퓨터공학, 통계, 수학 등을 복합적으로 다루는 학문입니다.

여러 분야가 융합되어 있네요. 금융공학 학계 체계에서 각 분야의 비중은 어떻게 나뉘나요?

금융이 뼈대예요. 퀀트도 여러 분야로 나뉘기 때문에 수학이 필요한 사람이 있고, 프로그래밍이 더 중요한 사람이 있어요. 본인의 포지션에 맞는 학문을 더 집중적으로 공부하면 돼요. 저는 수학과 프로그래밍 수업을 따라가기가 너무 벅차서 금융 분야에 집중했어요. 지금은 프로그래밍을 집중적으로 공부하고 있고요.

그렇군요. 프로그래밍의 중요성을 절감했기 때문이라고 이해하면 될까요?

회사에 들어가 보니 컴퓨터 코드로 간단히 처리할 수 있는 반복 작업을 손으로 일일이 하고 있더라고요. 당시 제 코딩 실력이 뛰어나지는 않았지만, 코딩이 어떤 식으로 작동하는지는 알고 있었거든요. 간단한 VBA만 사용해도 컴퓨터가 처리해 줄 수 있다는 사실을 아는데, 현업에서는 아직도 손으로 작업하는 모습이 답답해서 프로그래밍 공부에 집중하게 됐죠.

셀 사이드[1], 바이 사이드[2]를 거쳐 보험이라는 분야까지 두루 경험하셨는데요. 각 분야에서 퀀트를 어떻게 적용하셨나요?

본격적으로 퀀트를 적용한 시기는 운용사에 있을 때부터예요. 퀀트 운용 팀에서 감정 개입 없이 정해진 원칙에 맞춰 펀드를 운용하는 업무와 퀀트 전략 개발을 했어요. 보험사에서도 비슷해요. 운용사에서 주식 데이터를 분석하던 형태와 보험사에서 보험 데이터를 분석하는 형태는 별반 차이가 없어요. 수집한 데이터를 가공하고 분석 모델을 통해 도출된 결과를 해석하는 과정이죠. 주식 데이터에 적용하면 주식 퀀트가 되고 보험 데이터에 적용하면 보험 데이터 사이언스가 되는 식이에요. 퀀트에 대해 넓게 정의를 내리면 데이터 분석 흐름이 모두 동일하다고 봐요.

여러 경험에 비춰 봤을 때 퀀트를 뭐라고 정의 내릴 수 있을

---

1 셀 사이드(Sell side): 주로 증권사, 투자은행 등을 지칭하며 자산을 분석한 후 애널리스트 보고서를 통해 투자를 권유하는 금융 기관을 통칭한다.

2 바이 사이드(Buy side): 주로 자산운용사, 연기금, 헤지펀드 등을 지칭하며 셀 사이드의 보고서와 직접 분석을 토대로 보유하고 있는 자금을 투자 및 운용하는 금융 기관을 통칭한다.

까요?

> 데이터 드리븐 인베스트먼트(Data driven investment)라고 생각합니다. 데이터만으로 판단하는 의사결정이죠. 객관적 데이터가 존재하더라도 주식의 종목명이 보이면 편향이 생길 수밖에 없잖아요. 똑같은 수치가 있더라도 내가 좋아하는 기업의 자료라면 더 좋게 보이죠. 반대의 경우도 마찬가지고요. 퀀트 전문가들은 이런 문제점을 방지하고 객관성을 확보하기 위해 기업명을 가리고 분석하기도 해요.

데이터 드리븐 인베스트먼트의 구체적인 과정도 궁금합니다.

> 일반적인 운용사 입장에서 설명할게요. 먼저 고객들이 다양한 요구를 하기 때문에 특정 고객군의 기대수익률과 수용 가능한 위험 범위를 설정해요. 어떤 자산군에 한정해서 투자해 달라는 요구를 받기도 하죠. 고객의 니즈를 파악하는 업무가 첫 번째예요. 이후 투자 로직을 설정하고 적절한 데이터를 수집합니다. 수집한 데이터와 로직을 기반으로 백테스팅[3]을 수행해서

---

3 백테스팅(Backtesting): 특정 투자 전략을 과거 시점부터 현재까지 구현했을 때 어떤 성과가 나올지 시뮬레이션하는 기법을 말한다.

모형을 검증해요. 다시 고객을 만나 검증한 모형에 대해 설명하고 승인을 받은 후 운용을 시작합니다.

국내에 퀀트가 처음 소개되었을 때와 현재를 비교하면 어떤 차이점이 있을까요?

우리나라에 처음 퀀트가 도입되었을 때가 정확히 언제인지는 모르겠지만 한창 유행했던 시기는 금융 위기 직전인 2006~2007년이었어요. 당시 ELW를 필두로 우리나라 파생 시장 거래 규모가 전 세계에서 1등이었거든요. ELW나 ELS를 설계하는 증권사의 프라이싱 퀀트(Pricing quant)가 엄청 주목받았어요. 금융 위기 이후 파생상품 수요가 줄면서 프라이싱 퀀트에 대한 관심이 급격히 감소했어요. 현재는 자산운용사에서 펀드를 운용하는 포트폴리오 퀀트(Portfolio quant)의 수요가 늘고 있죠. 프라이싱 퀀트 분야는 금융 위기 전후로 시스템이 대부분 구축되었지만, 국내 포트폴리오 퀀트 분야는 아직도 많이 부족한 상황이에요. 산업 전반이 성장하고 있어서 투자가 집중되고 있기도 합니다.

퀀트가 태동했던 미국, 유럽 등 선진 시장의 퀀트도 과거 패러다임 전환이 셀 사이드에서 바이 사이드로 향했는지 궁금하네요.

해외 시장에서는 이미 자산 운용 퀀트가 예전부터 많은 비중을 차지했어요. 오히려 2000년대 초중반에는 고빈도 매매(HFT)가 유행했어요. 인기가 많이 가라앉고 파산한 회사도 많지만 지금도 HFT를 주력으로 하는 회사가 상당수 존재해요. 결론적으로 선진 시장에는 다양한 분야의 퀀트가 함께 성장하고 있습니다. AQR(Applied Quantitative Research Capital Management)같이 큰 운용사도 있고, 자그마한 HFT나 시스템 트레이딩 업체도 많아요. 큰 바위 사이를 채워 주는 자갈들이 잘 섞여 있죠. 우리나라는 아직까지 쏠림이 심해요. 뭐 하나 유행하면 우르르 몰려 가죠.

아직 일반인에게는 생소한 개념임에도 국내에서 퀀트 분야의 성장이 지속되고 있습니다. 앞으로 어떤 형태로 발전하게 될지 성장의 방향성을 묻고 싶습니다.

일단 운용업 자체는 계속해서 성장할 거예요. 사람들의 기대수명이 늘어나면서 쌓이는 돈도 함께 늘고 있으니까요. 그런데 퀀트 업계가 계속해서 커질지는 사실 잘 모르겠어요. 얼마 전까지 패시브 펀드가 앞으로의 미래라고 했는데, 지금은 또 패시브 펀드 버블이 조만간 터질 거라고 하잖아요. 시장은 언제나 그랬듯이 계속해서 순환할 거라고 생각해요. HFT나 시스템 트레이딩을 하는 작은 단위의 퀀트는 계속해서 성장할 거라고 봐요. 헤지펀드 본래의 목표는 안정적인 수익률 추구잖아요. 일직선 모양의 수익률 그래프. 과연 액티브 전략을 사용해서 일직선 그래프를 만들 수 있을지 모르겠어요. 하지만 차익거래를 사용한 시스템 트레이딩처럼 미세한 수익을 쌓아 나간다면 가능할 것 같아요. 해외에서도 이런 전략을 고수한 회사들이 살아 남았고, 우리나라에서도 이런 분야의 퀀트가 성장해 나가지 않을까 생각합니다.

퀀트 투자를 한글로 번역하면 계량 투자입니다. 말 그대로 숫자를 사용한 정량적인 기법이죠. 현업에서는 정량적인 분석과 정성적인 분석 비중이 어떻게 나뉘나요?

흔히 잘못 생각하는 부분이 있어요. 퀀트를 사용할 때 철저하게 감정을 배제한다고 생각하는데 사실 말이 안 되죠. 어떤 전략을 사용할지 고민하는 순간부터 주관이 개입되죠. 매니저가 좋아하는 전략을 사용하는 순간 정성적인 판단이 개입돼요. 수많은 재무제표 항목 중에서 특정 요소가 좋을 것이라고 생각하는 과정도 주관적이고요. 의사결정 과정이 정량적이지 이외의 부분에는 정성적인 판단이 들어갈 수밖에 없어요. 이런 맥락에서 금융에 관한 도메인 지식이 더욱 중요합니다. 정량적인 부분만 처리하면 기술자가 되고 정성적인 분석을 아우르면 리더가 돼요. 흔히 잘못 생각하는 부분이 '많은 양의 데이터를 딥러닝 모델에 때려 넣으면 좋은 결괏값이 나올 것이다'예요. 오히려 어떤 요인을 사용할 것인지가 더 중요합니다.

퀀트 팀 구성이 어떻게 되어 있는지도 궁금합니다.

운용사 기준으로 보면 지수를 추종하는 팀이 주류예요. 가장 크죠. 인버스, 레버리지 등 상품 스타일별로 팀이 나뉜 회사도 있고 한 팀이 담당하는 기업도 있어요. 이외에 알파를 찾기 위한 모델을 개발하는 팀이 별도로 존재하고요. 제가 있었던 운용사에서는 본부 단위로 서너 명 밖에 없었어요. 퀀트의 장점 중 하나가 많은 사람이 필요하지 않다는 점이니까요. 전문가 한 명이 10개, 100개의 작업을 할 수 있어요. 컴퓨터 로직만 있으면 되니까.

한국 퀀트 전문가만의 특성이 있나요?

퀀트 분야로 진로를 생각하는 분들이 현업에서 기대하는 업무가 대개 룰 세팅, 백테스팅 업무예요. 현실에서는 잘 안 돼요. 우리나라 주식 시장의 역사에서 이유를 찾아야 해요. 2000년 초중반까지만 해도 엄청 성장하던 시기였어요. 액티브 운용이 왕이었죠. 당시 실무자들이 현재는 관리자급이 되었고, 기본적으로 액티브 운용 마인드를 갖고 있죠. 그래서 퀀트를 잘 안 믿어요. 개인적으로 왜 생겨났는지 이해할 수 없는 단어가 '액티브 퀀트'예요. 도대체 퀀트를 어떻게 액티브하게 운용하겠다는 건지 모르겠어요(웃음). 우리나라 퀀트는 아직도 규칙이 아닌 시나리오가 있어야 해요. 시장에 유연하게 대처하겠다는 의미인데, 사실상 액티브 운용이죠. 퀀트라는 룰을 사용하지 않겠다는 말과 동일해요. 아직 순수한 퀀트 운용은 부족하다고 생각해요. 앞으로 바뀌어 가겠죠. 제가 신입일 때만 해도 퀀트 하면 절대 돈 못 번다는 이야기도 들었으니까 많이 달라지긴 했어요.

제도권에서 주로 사용하는 퀀트 기법에는 무엇이 있나요?

업계에서 주로 사용하는 기법은 자금의 특성에 따라

달라요. 증권사와 같이 운용 투자 기간이 짧고 매일 수익을 내야 하는 곳에서는 차익거래를 주로 하죠. 현·선물 차익거래나 ETF 차익거래 등이요. 마켓 메이킹[4]도 많이 하고요. 운용사처럼 운용 기간이 상대적으로 긴 분야에서는 소위 스마트 베타[5]라고 알려진 팩터 투자 기법을 많이 사용해요. 저도 팩터 투자를 주로 사용했고, 간간히 현·선물 차익거래를 진행했습니다.

계량 투자라는 용어를 접하면 보통 HFT를 먼저 떠올립니다. 우리나라에는 HFT가 어느 수준까지 구현되어 있나요?

우리나라에서 주식을 대상으로 하는 HFT는 증권거래세 때문에 거의 불가능하다고 보면 돼요. 그나마 ETF나 선물(Futures)을 대상으로 수익을 내는 것은 가능합니다. 최근 금융 당국에서 증권거래세를 인하하겠다고 발표하면서 본격적인 HFT 운용을 준비하

---

4 마켓 메이킹(Market making): 증권 시장에서 활발한 거래를 촉진하고 거래 비용을 줄이기 위해 시장에 유동성을 공급하는 행위를 의미한다.

5 스마트 베타(Smart beta): 단순히 지수를 추종하는 것에서 나아가 밸류, 모멘텀, 퀄리티, 로우볼 등의 팩터를 정량적으로 구성하고 지수화하여 투자하는 전략을 의미한다.

는 외국계 운용사가 꽤 있어요. 세금과 수수료가 점점 인하되면 그만큼 HFT 규모도 커질 거예요.

퀀트를 사용해 성공했던 경험과 실패했던 경험을 듣고 싶습니다.

퀀트의 성공과 실패를 판단한다는 게 참 애매해요. 대학원생 시절부터 현재까지 계속해서 룰대로 투자했기 때문에, 벤치마크 대비 수익률의 높고 낮음으로 성공과 실패를 규정하지 않아요. 오히려 중간에 성과가 안 좋더라도 룰을 바꾸지 않았기 때문에 이를 성공이라고 볼 수 있죠. 퀀트 분야에서는 성공과 실패를 수익률로 판단하지 않아요. 얼마나 경제학에 부합한 모델을 개발하고 룰에 따라 운용을 지속하는 자기 확신이 있는지가 성공의 기준이라고 생각해요.

탑다운, 바텀업 방식 모두 퀀트와 접목할 수 있나요?

탑다운 분석은 자산배분에 많이 사용돼요. 주식과 채권에 어느 비중으로 투자금을 분배할지 큰 그림을 그리는 데 적용되죠. 바텀업은 특정 자산 내에서 개별 증권을 선택할 때 적용되고요. 사실 롱숏(Long-short) 전략을 추구하면 별 차이가 없다고 봐요. 아무리 시장이 안 좋아도 좋은 주식은 매수하고 나쁜 주식은 매도하는 로직이니까. 롱온리[6]라면 또 다르죠. 아무리 좋은 주식을 매수해도 금리에 따라서 주식 시장이 좋을 수도 있고 안 좋을 수도 있으니까요. 특히 우리나라는 환율의 영향력이 크기도 하고요. 롱온리에서는 자산별로 매크로 변수가 정말 중요해요.

자산운용사에서 운용 업무를 담당하다가 현재는 보험사로 이직하셨어요. 계기가 있을까요?

글로벌 금융 데이터 분석 업계에서는 대체 데이터를 많이 사용해요. 음성이나 이미지 등 형식이 정해지지 않은 비정형 데이터요. 우리나라 운용 업계에서는 아직 대체 데이터의 필요성을 못 느끼고 있어요. 저는 조만간 그 편견이 깨지고 특이점이 올 거라고 봐요. 전통적인 운용사 데이터 업무만 지속하다가는 새로운 흐름을 못 따라가겠다는 두려움이 생기더군요. 데이터가 많아서 프로그래밍으로 데이터를 마음껏 다룰 수 있는 곳이 어디 있을까 탐색하다가 보험사와 카드사

---

6 롱온리(Long-only): 주식이나 채권 등을 산 뒤 오를 때까지 보유하는 투자 전략을 말한다.

를 찾았어요. 이 업계에서 데이터 핸들링[7]을 익히고 새로운 패러다임이 오면 다시 운용사로 넘어가 사용해야겠다고 계획했죠.

보험사에서 사용하는 비정형 데이터의 종류라고 하면 어떤 게 있을까요?

요새 보험 업계에서도 챗봇을 도입하고 있잖아요. 자연어 처리(NLP)[8]를 적용할 수 있죠. 중국평안(中國平安) 보험사에서는 이미 인공지능 기술을 실무에 적용하고 있어요. 자동차 사고가 발생했을 때 사진을 찍어서 보험사에 보내면 손해율이 어느 정도이고 수리비가 얼마나 청구될지 이미지 인식 기술을 사용해서 분석해 주죠. 보험설계사를 채용할 때도 지원자의 음성이나 태도를 머신러닝 기술로 파악해 면접을 진행해요. 지원자가 너무 많아서 사람이 처리하긴 힘들거든요. 이런 형태로 비정형 데이터를 사용합니다.

---

7 데이터 핸들링(Data handling): 주어진 본래 데이터를 분석에 적합한 형태로 변형하고 가공하는 작업을 의미한다.

8 자연어 처리(Natural Language Processing): 인간의 언어 현상을 컴퓨터와 같은 기계를 이용해서 모사할수 있도록 연구하고, 구현하는 인공지능의 주요 분야다.

인공지능 기술이 세계적으로 크고 중요한 흐름을 형성하고 있습니다. 금융 업계에도 도입되었는데, 어떤 식으로 활용되고 있나요?

> 트레이딩 단계에서 주로 사용합니다. 단기적인 관점에서 거래 비용을 최소화할 수 있는 매매 패턴을 찾는 데 활용하죠. 운용사가 팩터 투자를 진행할 때 어떤 팩터에 얼만큼의 비중을 배정할 것인지 정할 때 사용하기도 하고요. 개인적으로 운용 단계에 도입하기에는 아직 많이 부족하다고 생각해요. 시계열이 길어질수록 인간 군상의 개입 비중이 커지는데, 이를 인공지능이 예측할 수 있을지 의문이에요. 노이즈(Noise)가 들어갈 수밖에 없거든요. 아직은 보조 도구로 사용하는 것이 좋다고 생각합니다.

퀀트가 실제 투자 성과를 높이는 데 유효한지 질문하고 싶습니다.

> 성과가 안 좋을 때마다 퀀트의 유효성에 대한 질문을 많이 받아요. 르네상스 테크놀로지나 투시그마(Two sigma Investments LP)와 같은 해외 사례를 보면 꾸준하게 돈을 버는 퀀트 운용사가 많아요. HFT로 유명한 점프 트레이딩(Jump traiding, LLC)은 1년 중

손해 보는 날이 이틀밖에 안 된다고 하고요. 해외 상위 헤지펀드를 조사해 보면 대부분 퀀트를 사용해요. 반면 국내 시장에서 퀀트의 성과를 논하기에는 아직 역사가 짧아요. 퀀트라고 하지만 액티브 운용을 한다거나, 규제가 많아서 HFT 도입이 어려운 환경이기도 하고요.

여러 외부 요건으로 인해 퀀트 운용에 영향을 받는군요.

2017~2018년은 모든 퀀트 운용사가 낙담했던 시기예요. 미국 대통령으로 도널드 트럼프가 당선되면서 미·중 무역전쟁이 시작됐고 이후에 북한과 미국, 한국과 일본의 갈등이 심해지면서 제3차 세계대전이 발발하는 거 아닌지 걱정하는 소리가 많았어요. 한 국가의 대통령이 내뱉는 한마디에 주식 시장이 출렁이니까 퀀트고 뭐고 도저히 대응을 할 수가 없는 거예요. 수십 년간 수익을 내던 퀀트 전략이 트럼프 대통령의 트위터 한 번에 망가졌으니까요. 장기적인 관점에서 보면 미세한 변동이지만 현재를 살고 있는 투자자들에게는 큰 위협으로 다가오죠.

효율적시장가설(EMH)에 대한 질문을 드리고 싶습니다. 여러 논점이 있는 상황인데 현업에서는 어떻게 바라보고 있나요?

> 많이들 오해하는 부분이 있어요. 시장에 비효율성이 존재하므로 시장이 효율적이지 않다고 하는데, 그렇다면 비효율적인 상태 그대로 지속되어야 하잖아요. 언젠가는 제자리로 돌아와요. 중요한 건 속도예요. 학계에서는 속도에 중점을 두지 않죠. 실제 시장에서는 즉각적으로 반영되기도 하고 아닌 경우도 있거든요. 비효율성이 빠르게 효율적인 시장으로 조정되는 현상을 이용하는 전략이 차익거래고, 중장기적인 조정 현상에 접근하는 전략이 팩터 투자예요.

과거의 데이터를 가지고 분석하는데, 분석 결과가 미래에도 지속될 것인지 유효성에 의문이 들기도 합니다.

> 퀀트는 통계에 기반을 두고 있어요. 통계는 과거의 현상을 토대로 미래에도 특정 확률로 지속될 것으로 바라보죠. 다만 퀀트에서 중요한 점은 해당 통계 모델이 경제학적인 이론에 얼마나 뿌리를 두고 있느냐예요. 예를 들어 태양의 흑점을 관찰한 결괏값으로 주식 시장을 예측해서 맞았다 하더라도 미래에 그런 패턴

이 지속 가능할지는 확신할 수 없어요. 반면 강력한 경제학적 알고리즘이 존재하면 미래에도 지속될 것이라고 기대할 수 있죠. 쉽게 말해서 데이터만 있다고 완성되는 것이 아니라 체계적인 논리가 존재해야 돼요.

주식, 채권 등 자산군별로도 퀀트 적용점이 달라질 것 같습니다.

주식 데이터가 가장 풍부하죠. 주가 외에도 재무제표, 애널리스트 보고서도 있고 심지어 CEO의 음성도 활용할 수 있으니까요. 그만큼 뛰어드는 경쟁자가 많기도 해요. 우리나라 퀀트도 주식 대상이 대부분이죠. 채권이나 원자재 등 대체 자산은 또 달라요. 상대적으로 데이터의 계층이 풍부하지 않아요. 데이터를 구하기도 어렵고, 정제하기도 어려워요. 채권은 발행일, 만기가 다 다르잖아요. 그렇지만 알파를 추구할 수 있는 기회는 더 많다고 봐요.

퀀트가 우리나라 자산 시장에 미치는 영향과 의미도 궁금합니다.

빠른 속도로 시장을 효율적으로 바꿔 나가요. 아무도 차익거래를 하지 않으면 비효율적인 상태 그대로 머물겠지만, 차익거래가 발생함으로써 시장 전체가 효율화되는 속도가 빨라지죠. 반면 쏠림이 심해질 수 있어요. 괜찮은 퀀트 전략이 있다고 소문 나면 특정 전략과 자산의 거품이 심해져요.

일반 투자자도 직접 퀀트 전략을 사용할 수 있을까요?

트레이딩 퀀트로는 거의 불가능하다고 봐요. 개인 투자자가 하루 종일 모니터만 쳐다볼 수 없는 노릇이니. 장기 투자를 위한 퀀트는 충분히 가능해요. 매수한 후 한 달이나 분기에 한 번씩 리밸런싱[9]해 주면 되니까. 기관 투자자 대비 개인 투자자의 이점은 성과에 대한 압박이 없다는 점이에요. 그리고 초과 수익이 많이 날 것으로 기대되는 소형주에 대한 투자 자유도가 크죠.

다만 마음에 담아 둬야 할 부분이 있어요. 퀀트로는 절대 대박을 낼 수 없어요. 대박을 낼 수 있었으면 모두 퀀트를 했겠죠. 퀀트의 가장 큰 장점은 특정 로직을 정하고 나서 마음 편한 투자를 할 수 있다는 거예요. 대

---

9 리밸런싱(Rebalancing): 운용하는 자산의 편입 비중을 재조정하는 행위를 말한다.

박을 낼 수도 없고 안정적인 수익을 기대할 수도 없어요. 주식에 투자하는데 어떻게 안정적인 수익을 얻을 수 있겠어요. 단지 일반적인 주식 시장에 투자했을 때보다 성공률을 더 높이고 조금 더 높은 수익률을 기대할 수 있는 거죠.

퀀트의 대중화에 대한 염려가 느껴집니다. 대중화 그 자체에 대한 염려보다 오남용 되는 측면을 걱정하는 걸로 보이는데요.

퀀트가 만능 무기인 것처럼 말하는 사람이 많은데 절대 그렇지 않아요. 퀀트도 힘든 시기가 많아요. 내가 구축한 모델이 작동하지 않으면 논리가 잘못된 것인지, 프로그램 자체가 돌아가지 않는 것인지 밝히기 힘들 때도 있어요. 근거에 더 집중해야 돼요. 수익률보다도. 제가 강의를 나가면 많이 듣는 이야기 중 하나가 '몇 퍼센트 수익률을 기대할 수 있습니까?'예요. 저도 몰라요. 다만 '왜 이 퀀트 모델이 작동하는지'에 대한 이론적인 설명은 잘할 자신이 있거든요. 근거에 대한 측면이 더 중요해요.

퀀트와 관련하여 추천하고 싶은 도서나 논문이 있나요?

<Efficiently Inefficient: How Smart Money Invests and Market Prices Are Determined>라는 외국 서적이 있어요. 제가 쓴 <스마트 베타>도 괜찮고요(웃음). 논문은 미국의 자산운용사 AQR에서 작성하는 논문이 좋아요. 아무래도 가장 트렌디한 논문을 쓰는 곳이라. 해외 서적의 저자를 살펴보면 학계에 있는 분들도 실무에서 일을 하는 경우가 많아요. 유진 파마 교수도 그렇고요. AQR도 결국 유진 파마의 제자가 설립했죠. 교수님들이 쓴 책도 수학적인 증명과 코딩이 함께 실린 실무적인 책이 많아요. 반면 국내 퀀트 서적을 보면 소설 같기도 해요. 일을 해 보지 않은 사람들이 책을 쓴 경우도 있어요. 책에 있는 백테스팅 결과를 다시 돌려 보면 틀린 것도 많았죠. 퀀트 투자에서 중요한 부분이잖아요. 코드나 결괏값이 틀리면 신뢰도가 많이 떨어집니다. 재현 가능성이 높은 책이 필요해요.

퀀트 업계로 처음 발을 내딛는 진입자의 입장에서 갖춰야 할 프로그래밍 수준도 궁금합니다.

점점 더 중요해지고 있어요. 실무에서는 아직 R이나 파이썬보다 엑셀을 사용하는 경우가 더 많아요. 그럼에도 근래 운용사나 증권사에 입사하는 친구들을 보면 대부분 자유자재로 프로그래밍을 다루더군요. 시간이 지나면서 데이터의 종류나 다양성, 투자의 속도가 급격하게 변화하면서 엑셀만으로 접근하려고 하면 답이 없어요. 이런 맥락에서 프로그래밍 실력이 더 중요해질 것 같아요. 나중에는 지금 엑셀을 사용하는 것처럼 프로그래밍 언어를 일상적으로 사용하지 않을까 생각해요.

소위 문과 출신이 프로그래밍을 배우는 난이도와 이과 출신이 금융 지식을 배우는 난이도가 다르다는 의견도 많습니다. 학생들이 전공을 선택하는 데도 큰 영향을 미치죠.

저도 문과 출신이어서 초반에는 힘들었어요. 지금도 수학과 통계는 거의 포기 상태예요. 오히려 프로그래밍에 집중하고 있습니다. 수학이나 통계는 이미 늦었다는 생각이지만 프로그래밍은 공부하면 돼요. 단순히 프로그래밍을 공부한다고 되는 것이 아니라, 사고 방식을 전환하는 과정이 필요합니다. 공학을 전공한 친구들에게 재무론, 투자론을 가르치면 한 달이면 기본 개념은 다 배워요. 적어도 퀀트 분야에서는 이과 출신이 큰 이점을 가지고 있는 것이 사실이에요. 상경 계열에 있는 제 후배들에게도 반드시 공학을 복수로 전공하라고 추천해요. 금융공학을 전공하는 사람들을 보면 문과 출신이 거의 없어요. 대부분 공대 출신이죠. 유명한 르네상스 테크놀로지도 거의 공학 계열 인재만 영입하고 있고요.

퀀트 분야로 진로를 고민하는 학생들에게 조언 한마디 부탁합니다.

학교에서 어떤 공부를 했느냐가 중요해요. 기초 체력이 풍부하면 직장이야 언제든 갈 수 있으니까. 프로그래밍 실력을 학교 다니는 중에 잘 쌓아 두면 취업하는 것 자체는 그렇게 어려운 일이 아닐 것 같아요. 물론 프로그래밍에만 집중하는 건 문제죠. 금융 시장에도 관심을 두고 어떻게 서로 융합할 수 있을지 생각해 보면 도움이 많이 돼요.

채용 측면에서 보면, 해외 시장은 워낙 퀀트 회사가 많다 보니 상대적으로 쉽게 접근할 수 있어요. 우리나라는 아직 대기업 위주의 시장이라 공채로 입사했다가 퀀트 분야 직군으로 계속해서 이직을 시도하는 경우가 많아요. 일반 제조업은 한 번 입사하면 이직하기가 어렵지만, 금융권은 이직이 워낙 자유로운 곳이라 일단 들어가는 것이 중요해요. 원하는 퀀트 직군이 아닌 직책으로 입사했다고 하더라도 계속해서 퀀트를 공부하고 사람들과 교류하면 연락이 한 번씩은 오더라고요. 연락이 왔을 때 본인의 실력이 있으면 기회를 잡는 거죠.

만약 석박사 학위를 생각하고 있다면 취업해서 1~2년 정도 일한 후 대학원에 가는 것을 추천해요. 교수가 되고 싶다면 바로 대학원에 가도 좋지만, 현업에서 일하고 싶다면 실무 경험 후에 대학원에서 공부하면 더 효과적이에요. 금융은 특수 분야이기 때문에 실무의 분위기를 알아야 해요. 모르는 상태로 이론 공부만 하면 무엇을 배우는지도 모르고 졸업하게 됩니다.

퀀트로 일할 때 가져야 할 자세와 마음가짐 역시 중요할 텐데요.

금융업이기 때문에 기본적으로 꼼꼼해야 해요. 실수 한 번에 몇억 원씩 날아가니까. 숫자를 꼼꼼하게 보는 능력이 필요해요. 저도 검산을 정말 많이 했어요. 제가 도출한 결괏값을 믿지 않았어요. 계속해서 다시 계산했죠. 특히 프로그래밍을 할 때도 한 번에 돌아가면 잘못된 코드라고 봐요(웃음). 디버깅[10]이 일상이 되고 며칠 동안 지속되니까 지루한 작업을 견디는 인내심도 필요합니다.

무엇보다 투자 성과에 일희일비하지 않는 무덤덤함이 중요해요. 퀀트는 로직에 따라 진행되니까 가끔은 수익률이 왜 오르고 떨어졌는지 모를 때가 있어요. 이런 부분에 너무 집중하면 본인이 구축한 프로그램에 대한 믿음이 약해지기도 해요. 그래서 공부하는 것을 좋아해야 돼요. 지속적으로 트렌드를 살펴보고 논문도 읽어야 하니까.

금융 산업의 특성상 돈에 대한 가치관도 중요한데요. 어떤 가치관을 가지고 있나요?

안 쓰면 수익률 100%라는 생각을 갖고 있요. 재무론 기초에 나와요. 왜 투자하면 수익을 얻을 수 있는가. 지금 쓰는 돈의 효용을 포기하고 투자함으로써 얻

---

10 디버깅(Debugging): 컴퓨터 프로그램이나 시스템의 정확성 또는 논리적인 오류를 검출하여 제거하는 과정을 말한다.

는 가치잖아요. 화폐의 현재 가치가 미래 가치보다 싼 이유죠. 주변 사람들에게 왜 투자하냐고 물어보면 대박 내서 빨리 은퇴할 거라고 해요. 그런 생각을 가지고 돈을 대하면 빨리 망하더라고요. 점점 소위 말하는 '몰빵' 투자를 하게 되고요. 우리가 왜 돈을 모으고 투자를 하는지 생각해 보면 편한 노후를 위해서예요. 목표 지점을 노후로 잡으면 느리지만 안정적으로 투자할 수밖에 없어요. 필요 없는 것에 돈을 쓰지도 않을 거고요. 마음 편하게 투자하려는 의도가 퀀트 투자를 하는 이유이기도 해요.

마지막으로 앞으로 우리나라의 퀀트 분야가 어떻게 발전되었으면 하나요?

국내에서는 액티브 분야, 비(非)퀀트 투자 분야의 비중이 절대적이에요. 최근 알파고 등장 이후로 퀀트 투자가 호기심을 넘어 트렌드로 성장해 가고 있어요. 하지만 퀀트가 액티브 분야를 뛰어넘어 주류가 될 수 있을지는 의문이에요. 액티브 투자가 우세했다가 퀀트 투자가 우세했다가 엎치락뒤치락할 것 같아요. 하지만 HFT나 머신러닝과 같은 분야가 발전할수록 작은 단위에서 퀀트를 이용하는 소규모 운용사가 늘어날 것으로 봐요. 아무래도 기존의 큰 운용사에서는 구조적인 문제로 시스템 트레이딩을 할 수 없거든요. 규제가 풀리고 기술이 발전하면 우리나라에서도 퀀트 운용사가 많이 늘어날 것으로 생각합니다.

PERSON 04

퀀트는 선택의 문제가 아니다

강봉주 증권사 퀀트 애널리스트

PERSON 04
강봉주 증권사 퀀트 애널리스트

자기소개 부탁합니다.

메리츠증권에서 퀀트 애널리스트로 일하는 강봉주라고 합니다. 학부에서 조선해양공학을 전공했고, 대학교 졸업 전에 이투스라는 온라인 교육 회사에서 산업기능요원으로 복무했습니다. 제가 복무하는 도중에 회사가 SK커뮤니케이션즈에 합병되면서 결국 2년 반 정도 두 회사를 다녔어요. 졸업 전에 친구들과 IT 관련 스타트업을 창업해서 1년 정도 운영했던 경험도 있습니다. 졸업 후 2008년 초에 삼성증권 리서치 센터 퀀트 RA[1]로 일하기 시작했습니다. 2010년 3개월 정도 외국계 옵션 트레이딩 회사에 잠시 몸담았다가, KB증권에서 처음 애널리스트로 데뷔했죠. 2012년에는 한화투자증권으로 옮겨서 퀀트 애널리스트로 3년간 일하다가 메리츠증권에서 1년을 보낸 뒤 프랍 트레이

---

1 RA(Research assistant): 애널리스트를 도와 기업 분석 리서치를 위한 자료 조사 등 전반적인 업무를 돕는 연구원을 말한다.

딩 부서[2]로 넘어가 머신러닝 운용을 했습니다. 2018년에 7개월 정도 잠시 한화금융투자 프랍 운용 부서에서 일했고, 2019년 4월에 다시 메리츠증권으로 돌아와 퀀트 애널리스트 업무를 맡고 있습니다. 증권업이 아닌 다른 산업 분야 경력도 쌓았고, 증권 업계 안에서도 셀 사이드와 바이 사이드를 두루 경험했습니다.

처음 증권 업계에 진입했을 때부터 퀀트를 접했네요.

일반적인 상경계열 전공자분들은 학부 때부터 증권업을 목표로 준비해서 진출하신 분들이 많은데, 저는 다른 분야 경력을 쌓다가 넘어온 사례예요. 2007년 하반기에 코스피 지수가 처음으로 2000선을 넘으면서 증권 업계에 붐이 일었어요. 그 분위기를 타서 우연히 증권업에 관심을 갖게 됐고 증권사로 전향하게 된 거죠. 도전적으로 해 볼 수 있는 일이 많고 능력에 따른 성과 보상이 있다는 점도 마음에 들었어요.

---

2 프랍 트레이딩(Proprietary trading): 수익 창출을 목표로 하는 금융 회사가 고객의 돈이 아닌 자기자본으로 수행하는 거래를 의미한다.

리서치 센터로 공채 지원을 했고 퀀트 분야를 따로 선택했던 것은 아니었기 때문에, 처음 퀀트를 접했던 계기는 말 그대로 우연이었어요. 당시 신입사원을 워낙 많이 채용하던 시기여서 저 포함 12명이 RA로 입사했는데, 공대 출신이 저밖에 없었어요. 퀀트 인력이 필요한 상황에서 자연스레 제가 뽑혀 간 거예요. 우연으로 시작했는데 다행히도 적성에 잘 맞아서 지금까지 즐겁게 일 하고 있습니다.

처음 퀀트라는 분야를 접했을 때 어떤 느낌을 받았는지 궁금합니다.

무척 당황스러웠어요. 리서치 센터라면 당연히 기업 탐방을 통해 기업분석 보고서를 쓰고 주가를 예측하는 업무를 할 거라 생각했는데, 퀀트는 전혀 달랐죠. 낯설었어요. 퀀트라고 하면 파생상품 개발하는 업무를 떠올렸는데, 퀀트 리서치가 존재한다는 것을 알고 놀랐어요. 다른 퀀트 애널리스트들이 작성한 보고서를 찾아보니 차트만 수십 개씩 들어가 있더라고요. 정말 내가 할 수 있는 분야인지 의문이 들어서 인사 팀에 일반 부서로 배치해 달라고 이야기해야 할지 고민할 정도였죠.

공대를 전공했더라도 계량적인 부분에 부담이 있었군요.

지금도 비슷한 분위기지만 당시 퀀트 리서치가 리서치 센터 안에서도 소수 집단처럼 여겨졌어요. 업무가 고되다는 이야기도 들어서 고민이 많았죠(웃음).

바이 사이드와 셀 사이드를 오가며 퀀트를 경험했기 때문에, 퀀트에 대한 개념이 조금 다를 수 있을 것 같습니다. 퀀트를 어떻게 정의할 수 있을까요?.

핵심만 간단히 이야기해 보면 패턴을 인식하는 방법이라고 생각해요. 반복적으로 발생하는 패턴을 찾아 활용하는 투자죠. 시장이 움직이는 원리나 투자 방법을 수리적인 패턴으로 분석하는 과정이에요. 더불어 '1+1=2'라는 결정론적 사고방식이 아닌 확률적인 관점으로 현상을 바라봐요. 주가는 여러 사람이 호가[3]를 제출하고 경합하면서 만들어지는 결과이다 보니 확률적으로 움직여요. 확률이라면 수학을 사용해 계산할 수 있으니 계량적인 방식을 투자에 적용할 수 있죠.

---

3 호가(Quote): 시장에서 매매거래를 하기 위해 매도 또는 매수의 의사표시를 하는 행위를 말한다.

확률로 시장을 바라본다면 100%란 없다는 의미로 해석할 수도 있겠네요.

퀀트가 아니더라도 투자를 확률적으로 바라보는 관점은 정말 중요합니다. 이런 경우가 발생하면 안 되겠지만 극단적인 사례를 들어 보면, 분석을 통해 아무리 좋은 회사를 찾았더라도 오늘 밤에 자연재해로 회사 공장이 멈춘다든지, 해외 공장에 테러가 발생한다든지 하는 안 좋은 일이 일어날 수 있어요. 그러면 다음 날 주가가 큰 폭으로 하락하는 거죠. 금융 자산의 가격은 100%의 확신을 가지고서 움직이지 않아요. 확률적이죠. 몇몇 전문가 집단이 모여서 '이 회사의 주가는 10만 원이 되어야 해'라고 합의하면 정의되는 개념이 아니라, 살아 있는 시장에서 여러 사람의 여러 호가 주문으로 결정되는 결과물이잖아요. 사람들의 감정이나 행동은 명확히 정해지지 않기 때문에, 가격의 등락은 불안정하게 움직일 수밖에 없어요. 웬만한 대형주의 주가도 하루에 3~5%씩 움직이고 중소형주의 경우 10%가 넘게 움직일 때가 많지만, 하루 만에 한 회사의 실제 가치가 10%씩 움직인다는 것은 상식적으로 납득하기 힘들죠. 따라서 시장은 확률적으로 움직이고,

그렇기 때문에 변동성[4]이 생기기 마련입니다. 투자 대가들의 인터뷰나 책을 읽어 보면 확률적으로 생각하는 사고방식이 몸에 배어 있는 게 이런 이유 때문입니다.

퀀트가 한국에 처음 도입되면서 국내 시장의 상황에 맞게 변해 왔습니다. 한국형 퀀트는 해외 시장과 다른 특성을 가지고 있을 것 같은데요.

한국형 퀀트라는 표현을 사용해 보자면 아쉽게도 그 시장의 크기가 크지 않아요. 퀀트 분석, 퀀트 투자 모두 역사가 짧기 때문에 관련 전문가도 적고 관련 인프라도 부족하죠. 분석이나 투자 수준은 아무래도 선진 시장보다 뒤처져 있어요. 그런데 생각해 보면 어떤 산업 분야든 마찬가지예요. 패션, 요리, 기계 등 분야마다 뛰어난 수준을 보유하는 지역이나 국가가 따로 있잖아요. 투자 분야에서는 미국이 선진국이기 때문에 퀀트도 더 발전한 거죠. 미국은 1970년대부터 GDP 성장률이 이미 3%대로 떨어지면서 금융 자산 위주로

---

4 변동성(Volatility): 일정 기간 가격의 상승과 하락을 측정하는 척도로써 일반적으로 과거 일정 기간 동안 주가의 수익률에 대한 표준편차로 나타낸다.

자산관리를 하기 시작했어요. 우리나라보다 대략 20년 정도 더 빠른 수준이죠. 전문가가 조언하고 투자하는 증권업, 자산운용업이 성장하는 환경을 갖췄고, 소비자가 몰리면서 발전을 지속해 왔죠.

우리나라에서 애널리스트나 펀드 매니저에 관심을 갖기 시작한 시기는 2000년대 초중반이에요. 15년 정도밖에 안 됐죠. 미국의 피터 린치(Peter Lynch) 같은 유명한 펀드 매니저가 활동했던 시기를 생각해 보면 1980년대였고, 제시 리버모어(Jesse Lauriston Livermore)는 1900년대 초에 활동했어요. 100년 전에 이미 공매도를 했고 기술적 분석을 이용해서 돈을 벌었어요. 우리나라 전문가들의 실력이 떨어져서 뒤처졌다기보다는 신흥국 시절 급격한 산업 성장을 경험하고, 구조적으로는 부동산에 많은 자금이 몰리면서 일반 금융 분야가 충분히 발달할 시간이 부족했어요. 현대적인 자산운용업, 증권업, 뮤추얼 펀드 운용 경험은 15년 이하인 거죠. 그중에서도 퀀트는 뒤늦게 꽃 피운 분야다 보니 국내 시장에서는 아직 보편화되지 않았어요. 특히 뮤추얼 펀드가 자리잡은 지 얼마 되지 않은 상태에서 한국 기업들의 이익 성장이 더디다 보니 주식형 펀드 성장세가 함께 주춤했어요. 2000년대 후반에 공모 펀드 기준으로 150조 원 규모였다가 지금은 70조 원 이하로 반토막이 됐거든요. 안 그래도 펀드 시장이 주춤하는 상황이라 퀀트가 성장하기 어려운 여건이었죠. 이러한 상황이다 보니 퀀트 기법으로 운용하는 전문 운용사의 숫자는 적을 수밖에 없어요.

그래도 최근 로보 어드바이저나 패시브 ETF 투자가 각광받고 있기도 하고, 하락하는 수익률을 높이기 위한 롱숏 전략 등이 대두되고 있어요. 퀀트 분야의 발전 가능성은 높다고 봅니다. 거꾸로 생각해 보면 아직 전문가의 수가 많지 않기 때문에 경쟁이 덜할 수 있어요. 진입장벽도 어느 정도 존재하는 전문 분야이기 때문에 본인의 노력에 따라 미래에 할 수 있는 일이 많아질 거예요. 해외 시장에서는 이미 계량 투자, 알고리즘 매매, 인공지능 기술을 활용한 투자를 하고 있고 우리나라도 따라가고 있거든요. 한국에서도 퀀트 시장이 커지고 전문가들도 많아질 것으로 예상합니다. 물론 10년 전에 이미 '퀀트의 시대가 올 거야'라는 말을 선배들에게 들었지만 퀀트의 시대가 안 왔어요(웃음). 하지만 다가오는 10년은 다를 거예요.

저금리, 저성장을 필두로 뉴 노멀 시대가 온 현재 시점에서 퀀트 분야가 자산 시장에서 어떤 역할을 맡게 될지도 궁금합니다.

처음 퀀트라는 단어를 들으면 기존 금융의 대안적인 느낌을 받는데, 사실 금융 자체가 퀀트예요. 금융은 모두 숫자로 이루어지잖아요. 모든 금융인이 어느 정도는 퀀트가 되어야 해요. 퀀트의 영향력을 논하기에 앞서, 이는 선택의 문제가 아님을 인식해야 합니다. 리스크 관리를 하든, 주식을 선별하든, 시장을 분석하든 숫자를 계산하고 통계적으로 추정해야 하잖아요. 퀀트 분야라면 신입 사원이라도 계량적인 분석 능력을 기본 소양으로 갖추고 있어야 해요. 물론 금융 내 일부 분야에서는 계량적인 숙련도가 낮아도 문제없을 수 있어요. 다만 투자 분석이나 운용을 하는 애널리스트나 펀드 매니저라면 반드시 퀀트 능력을 키워야 해요. 해외 리서치 센터의 퀀트가 아닌 일반 직원이 작성한 보고서만 봐도 퀀트의 기본적인 분석 틀이 녹아 있어요. 전문적인 퀀트는 머신러닝, 딥러닝 기술까지 다루고요.

경제 현상은 너무나 많은 변수가 영향을 미치기 때문에 한 명의 똑똑한 개인이 모두 예측할 수 없고 확률적인 접근법을 가지고 대비를 해야 돼요. 이때 사용하는 계산은 인간이 암산으로 풀 수 있는 수준이 당연히 아니겠죠(웃음). 특히 자금의 규모가 큰 연기금이나 보험사라면 더 중요해지고요. 개인 투자자라면 기준 없이 투자했더라도 위기가 왔을 때 바로 매도하고 시장에서 빠져나올 수 있지만, 수십조 원을 투자하는 기관 투자자는 그렇게 대응할 수 없으니까요. 사전에 미리 계량적으로 포트폴리오를 구성하고 리스크를 관리할 필요가 있는 거죠. 단기간에 가격이 급등할 것 같은 종목을 골라서 투자하는 개념이 아니라, 어떤 상황이 발생하더라도 자산을 안정적으로 운용하는 개념으로 이해해야 돼요. 말 그대로 자산관리죠. 큰 손실을 발생시키지 않으면서 자신의 성향에 알맞은 수익을 얻는 것이 자산관리의 목적이라면, 전문적인 관리를 가능하게 해 주는 역할을 퀀트가 담당하는 거예요.

퀀트의 부정적인 면은 없다고 보면 돼요. 다만 트레이딩 영역에서 퀀트 투자가 알고리즘 매매와 비슷한 성격으로 사용되면서 시장에 비슷한 전략이 많이 통용되면 위험이 발생할 수 있어요. 가령 동시에 팔자 주문이 쏟아지면 플래시 크래시[5]가 나타나는 거죠. 미국처럼 퀀트 투자가 발달한 시장에서는 몇 년에 한 번씩 플래시 크래시가 발생하거든요. 일반적으로 알고리즘 모델을 설계할 때 설계자가 본인이 사고파는 행위는 시장에 거의 영향을 주지 않는다고 가정하고서 외부 환경 대응에만 집중하기 때문이죠. 몇몇 조건에서 금융 시장의 변동성을 급격하게 키울 위험은 있습니다.

방금 이야기 나눈 바와 같이 계량적으로 접근해야 하는 분야이다 보니 전문성이 요구됩니다. 일반인들이 퀀트 투자에 직접 접근할 수 있을까요?

쉽지만은 않아요. 그럼에도 공부를 해야 한다고 꼭 말하고 싶어요. 어느 분야나 전문가에게 맡기는 편이 가장 마음 편하죠. 위험한 발언이 될 수도 있지만, 우리나라 금융 역사와 경험이 상대적으로 짧기 때문에 전문가도 실수를 할 수 있어요. 전문가들끼리도 서로 의견이 다르기 때문에 투자 상품 약관 보면 모든 투자의

---

5 플래시 크래시(Flash crash): '갑작스러운 붕괴'란 뜻으로 금융 상품의 가격이 매우 짧은 기간 내 폭락하는 것을 의미한다.

책임은 투자자 본인에게 있다고 써 놓잖아요. 전문가의 역할은 조언과 자료 제공에 국한될 뿐이고, 결국 투자자가 책임지고 의사결정을 하는 거예요. 꼭 퀀트가 아니더라도 공부를 많이 해야 해요. 배우다 보면 힘든 과정이 아니라 즐거운 과정이 될 거예요. 자본주의 사회에 살고 있는 이상 선택의 여지가 없는 거죠.

오히려 가치투자나 일반 기업 분석이 더 어려울 수 있어요. 기본 분석 틀을 공부하는 데에도 오래 걸리고, 배운 이후에도 새로운 산업이나 트렌드를 계속해서 익혀야 하거든요. 워런 버핏이라고 해도 내년에 새로 투자하려고 하면 내년 상황에 맞는 산업 트렌드를 공부해야 합니다. 퀀트가 아닌 일반 투자야말로 평생 정성적인 평가를 지속해야 하기 때문에 힘들게 느껴질 수 있어요. 퀀트와 같은 규칙 기반 투자는 정성적인 판단이 없더라도 주식이 움직이는 패턴을 분석해 투자하기 때문에, 전략을 만드는 과정은 힘들 수 있어도 이후에 관리하고 운용할 때는 힘들지 않아요. 퀀트를 배우려고 할 때 갑자기 수학, 통계가 등장해서 막막할 수 있지만 일반인들이 적용하려는 퀀트 투자 수준이라면 중고등학생 수준의 균형 잡힌 통계 지식만 있으면 충분해요. 특히 20, 30대라면 앞으로 50년 이상 자산 관리를 해야 하는데 1, 2년 공부에 투자하는 노력이면 엄청 어려운 일도 아니죠.

전문 금융 분야로 진로를 탐색하는 입장이라면 또 달라집니다. 취업이나 이직, 전직을 준비하는 사람들에게 조언할 말이 있을까요?

재무나 회계에 대한 기본 지식은 당연히 알고 있어야 해요. 회계원리랑 투자론 기초에 대한 수업을 한 학기씩만 들어도 기본기는 다질 수 있어요. 또 수학, 통계에 대한 지식도 필요하죠. 해외 서적이나 실무를 통해 배워도 되긴 해요. 사실 아직은 체계적으로 커리큘럼이 정립된 수업이 없는 실정이에요. 정리해 보자면 재무, 회계 지식 30%, 직접적인 퀀트 지식은 70%가 필요합니다. 퀀트에도 여러 영역이 있어서 재무나 회계 지식 없이도 일할 수 있는 분야가 있기는 해요. 다만 데이터 기반 분석과 이론 기반 분석으로 나눠 봤을 때 전자로 쏠리는 경향이 발생할 수 있어요. 투자에 대한 학습이 되지 않은 데이터 분석가를 데리고 와서 데이터를 분석하라고 하면 황당한 실수를 할 여지가 있죠. 기본적인 회계, 재무 지식은 갖추어야 합니다.

현업에서 장단기 금리차의 의미, 중국의 경제 성장률 추이처럼 큰 크림을 그릴 수 있을 정도면 돼요. 퀀트로 일하면서 연방공개시장위원회 의사록[6]을 한 단어 한 단어 뜯어 본다든지, 소비자물가지수(CPI)[7]를 구성 종목별로 분석하는 경우는 없거든요. 그래서 편하고 재밌어요. 경제의 큰 그림을 그려본 다음에 투자 집행을 위한 계량적인 모델링에 집중하니까요.

거꾸로 생각해 볼 필요가 있어요. 보통 퀀트를 정말 어려운 분야라고 생각하거든요. 반대로 퀀트를 전혀 사용하지 않고 재무나 회계적으로만 접근하면 저 같은 사람은 숨 막혀서 못 할 거예요. 지속적으로 정성적인 판단을 해야 하거든요. 셰일가스, 사물인터넷, 5G 등 끝도 없이 등장하는 이슈를 가끔씩 뉴스로 보면 재

---

6 연방공개시장위원회 의사록(FOMC minutes): 미국 연방공개시장위원회 정책 결정 회의 2주 후에 공개되는 상세 기록이다. 연방공개시장위원회의 통화정책에 대한 입장을 자세히 살펴볼 수 있으며 향후 금리 결정에 대한 단서를 얻는 데 주로 활용된다.

7 소비자물가지수(Consumer Price Index): 가정이 소비하기 위해 구입하는 재화와 용역의 평균 가격을 측정한 지수다. CPI의 변동률로 인플레이션을 측정할 수 있다.

믿지만, 이를 토대로 비계량적인 의사결정을 매일 해야 한다면 정말 어려울 거예요. 그렇게 되면 분석 결과가 맞지 않는 경우도 많아지고요. 퀀트는 처음부터 숫자로 접근하기 때문에 재무적인 당위성에 집착하지 않고 현재 발생하는 현상을 있는 그대로 받아들여요. 퀀트 전문가들은 시장 순응적이기 때문에 일어난 결과를 토대로 계량 모델을 사용해 최종 투자 결과만 결정하면 돼요.

퀀트 역시 금융 분야이기 때문에 재무와 회계에 대한 지식이 필요하다는 점에 공감합니다. 다만 프로그래밍이라고 통칭할 수 있는 공학적인 능력 역시 그 중요도가 높아지고 있죠.

제가 하는 말을 들으시면 많이 안도하실 거예요(웃음). 앞서 말씀드렸듯이 아직까지 국내에는 퀀트 전문가들의 숙련도가 그리 높지 않기 때문에 어느 정도 공부하면 따라잡을 수 있어요. 요즘은 프로그래밍을 쉽게 배울 수 있어요. SNS와 같은 여러 미디어가 있기 때문에 반드시 종이책을 살 필요도 없죠. 문과 전공생이 프로그래밍 책만 보고서 공대생을 따라가기는 정말 힘들거든요. 문과생에게 최적화되어 집필된 책이 아니기 때문에 30페이지도 채 읽기 힘들 거예요.

요새는 배우고 싶은 부분만 따로 정리된 영상 강의가 있을 정도로 자료가 많아져서 배우기가 훨씬 수월해졌어요. 비약해서 표현하자면, 공대 출신이 프로그래밍은 더 잘할 수 있을지 몰라도 문과생이 알고 있는 전문 지식은 부족하기 때문에 오히려 걱정해야 하는 상황일 수도 있어요. 프로그래밍에 대한 막연한 두려움은 난이도 때문일 텐데 금융권에서 사용하는 코딩은 반도체 회사에서 회로를 설계하는 수준이 아니에요. 시장을 해석하고 포트폴리오를 관리하는 정도의 프로그래밍은 전통적인 IT 분야에 비해 그리 어렵지 않습니다.

퀀트 투자라고 하면 말 그대로 정량적인 분석이 주를 이룰 텐데요. 그렇다면 정성적인 분석은 투자 의사결정 과정에서 어느 정도 비중을 차지하며, 정량 분석과 어떻게 상호작용하는지 알고 싶습니다.

저도 경력이 짧았을 때 실수했던 부분 중 하나가 퀀트 관련 의사결정과 비(非)퀀트 의사결정을 이분법적으로 나눴던 거예요. 가능한 한 많은 부분을 퀀트로 치환

해서 과도한 의미 부여를 하거나 지적 우월감을 느끼는 퀀트들이 꽤 있는데 조심해야 합니다. 어떤 모델을 사용할지 결정하는 과정에서 이미 본인의 주관적이고 정성적인 습관이 영향을 미치거든요. 결국 퀀트를 하더라도 여러 가지 형태의 정성적인 분석이 필요하다는 뜻이에요. 모델의 선택뿐 아니라 주문 방식의 선택, 시장의 선택에서 정성적인 판단이 들어가지 않을 수 없어요. 어떻게 하면 정성적인 의사결정을 편견 없이 수행할 수 있을지 연구하는 노력이 퀀트에게 더 필요할 수 있죠. 자신도 모르는 새 최신 데이터에 더 가중치를 둔다든지, 소수의 데이터를 가지고 일반화한다든지, 인과관계가 아닌 상관관계만 가지고서 큰 의미를 부여한다든지, 고생해서 얻은 데이터에 더 큰 가중치를 부여한다든지 인간이라서 실수하는 부분이 생기거든요. 인지과학[8]이나 심리적 편향에 대해서도 공부를 해야 됩니다.

---

8 인지과학(Cognitive science): 인간의 마음과 동물 및 인공적 지적 시스템(artificial intelligent systems)에서 정보처리가 어떻게 일어나는가를 연구하는 학문이다.

경영자의 경영 능력 평가 등으로 정성적인 분석을 한정한다면 전체 의사결정 중 정성적 평가의 비중은 10~20% 정도 돼요. 다만 투자 과정 중에 개입되는 인간적인 의사결정까지 고려한다면 절반을 차지할 수도 있고, 심지어 70% 이상이 될 수도 있어요. 따라서 너무 이분법적으로 보지 않는 편이 바람직해요. 같은 데이터를 보고도 사람마다 다르게 판단할 수 있거든요. 이런 개념을 갖기까지 전문가들도 시간이 꽤 걸려요. 짧게는 5~6년에서 보통 10년 이상 다양한 시행착오를 해야 깨닫는 것 같아요. 본인은 '감정에 치우치지 않고 객관적으로 분석하고 있어'라고 착각하지만, 사실 각 과정에서 본인도 모르는 새에 정성적으로 판단하고 있는 거죠. 이런 맥락에서 정말 잘하는 퀀트가 어려워요.

실무에서 주로 어떤 퀀트 기법을 사용하는지 궁금합니다.

퀀트 전략을 분류하는 여러 기준이 있지만 어떤 종류의 데이터를 가지고 분석하는지에 따라서 나눠 볼 수 있어요. 펀더멘탈 데이터로 분석할 수 있고, 가격 데이터를 가지고 분석할 수도 있죠. 전자는 기본적 분석, 후자는 기술적 분석으로 이해해도 큰 무리가 없어요.

퀀트 전문가 중에서도 PER이나 부채비율 같은 재무 데이터가 주가에 어떤 영향을 미치는지 분석하는 부류가 있는데, 한국 퀀트의 90%가 여기에 속해요. 현재 주가가 평균적인 이동 경로에서 얼마나 괴리되었는지, 주가의 추세가 강해지고 있는지, 주가의 경로와 거래량이 어떤 분포를 띠고 있는지 등 기술적인 지표를 기반으로 언제 시장에 진입하고 나올지를 판단하는 퀀트도 있고요.

그 안에서도 단기, 중기, 장기로 투자 기간에 따라서 분류할 수도 있어요. 사용하는 모델이나 데이터를 구축하는 방법이 달라지거든요. 아무래도 펀더멘탈 분석은 중장기 투자에 적용되고, 가격 데이터는 단기에 치중하는 경향이 있고요. 펀더멘탈 데이터를 가지고 투자하는 사람들도 어떤 개념에 초점을 맞추는지에 따라 나눠 볼 수 있어요. 벌어들이는 수익 대비 회사의 가치가 저평가되어 있거나 회사가 보유한 우량 자산 대비 시가총액이 작은 경우 가치주라고 부르잖아요. 가치주 관련 펀더멘탈 데이터를 가지고 분석하는 퀀트가 있는 반면, 성장주에 집중하는 퀀트도 있어요. 구조적으로 이익이 증가할 수밖에 없는 특성을 가진 종목을 분석하는 거죠. 제약 업종이나 바이오 분야가 대표적이고요. 고령화 사회로 넘어가면서 약을 구매하려는 수요가 근본적으로 늘어나기 때문에 괜찮은 제품을 출시하면 매출과 이익률이 급상승해요. 이런 회사들은 실제로 그 돈을 벌기도 전에 미래에 성장할 것으로 기대하고 현재 이익 대비 50배, 100배의 가격으로 거래되죠. 물론 그 기대에 미치지 못하면 주가가 급하락하지만요. 즉 평균적인 전체 경제 성장률보다 더 성장할 수밖에 없는 산업과 기업을 찾아서 분석하는 퀀트가 있습니다.

보통 퀀트 분석가들은 가치주, 성장주 할 것 없이 모든 재무 데이터로 회귀 분석을 응용한 팩터 분석을 하죠. 각 재무지표 중 어떤 지표가 어떤 수준이면 가장 좋은 수익률을 낼 수 있는지 여러 팩터로 설정해 두고서 수리통계적으로 찾아내는 과정을 거칩니다. 과거에는 팩터 분석을 하면 수익이 어느 정도 발생했는데 10년 전부터는 수익이 줄어들어서 지금은 더 큰 규모의 매크로 데이터로 분석합니다. 지금처럼 장단기 금리차가 달라지거나 금값이 변화하는 상황을 맞닥뜨리면, 비슷했던 과거의 상황을 분석해서 당시 어떤 특성을 가진 종목의 수익률이 좋았는지 찾아내기도 합니다. 이조차도 최근에는 수익률이 안 좋아졌어요(웃음). 그만큼 시장에 비슷한 전략을 구사하는 사람이 많아졌다는 의미죠. 요새는 머신러닝처럼 고도화된 기술을 사용해서 비선형적인 분석을 토대로 접근하고 있어요.

가격 분석 퀀트 분야에서는 초단기 가격 패턴을 수학적으로 찾아내는 방법을 사용해요. 가격 분석 퀀트는 추세추종형, 평균회귀형으로 크게 두 가지로 나눠 볼 수 있어요. 추세추종형은 말 그대로 가격의 추세를 찾은 다음, 그 추세에 따라 움직이는 종목에 투자하는 전략이에요. 주식보다는 외환이나 상품 트레이딩에 더 적합하죠. 가격이 순간적으로 과도하게 오르거나 내릴 때 평균에 회귀하려는 추세를 사용해 투자하는 전략이 평균회귀형이고요. 관련 있는 두 자산의 가격 괴리를 사용한 페어 트레이딩[9] 기법도 있습니다. 세분화

---

9 페어 트레이딩(Pair trading): 상관관계가 높은 두 금융 상품을 대상으로 동시에 한 상품을 매수하고 또 다른 상품을 매도해서 적은 위험으로 확실한 수익을 얻는 시장 중립적인 매매방법이다.

하자면 끝도 없을 것 같아요.

저는 펀더멘털 데이터보다 가격 데이터, 중장기적인 데이터보다 단기적인 데이터로 분석하는 것을 좋아해요. 본인 성향에 맞는 영역을 택하는 것도 중요하거든요. 예를 들어 저는 야구, 축구보다 농구를 좋아해요. 농구와 달리 앞의 두 스포츠는 경기 시간 동안 점수가 드물게 나잖아요. 투자에서도 농구처럼 계속해서 사고팔면서 작은 수익을 모아 큰 수익을 만드는 과정을 좋아합니다. 본인의 성향에 따른 선택이라 정답이 없지만 제가 하는 방식이 글로벌 퀀트 전략 측면에서 유리한 방법이기는 해요. 순수하게 단기적인 가격 패턴을 찾아내는 접근이 퀀트 방법론의 장점을 발휘하기 더 수월하죠.

셀 사이드와 바이 사이드 모두 경험했기 때문에, 두 분야에서 퀀트를 어떻게 바라보는지 그 차이를 잘 알고 있을 것 같습니다.

셀 사이드와 바이 사이드는 분업의 형태예요. 운용사의 규모가 크고 인력이 충분하면 자체 애널리스트 팀을 구축하겠죠. 열심히 분석한 보고서를 경쟁사에 넘겨주는 게 아니라 본인 회사에서만 사용할 수 있으니까. 하지만 현실적으로 모든 운용사가 자체 애널리스트 팀을 구축하기 힘들어요. 물론 바이 사이드에도 애널리스트가 존재하지만 운용하기 전 훈련의 성격이 강해요. 이렇게 분업이 필요한 과정에서 두 분야로 나뉜 겁니다.

셀 사이드 애널리스트는 지금 시장이 움직이는 주요 원인이 무엇인지, 앞으로 금융 자산이 어떻게 움직일 것인지를 주로 분석해요. 반면 바이 사이드는 포트폴리오를 관리하며 언제 매수해서 언제 매도해야 하는지, 특정 요소에 대해 위험을 노출시킬 것인지에 대한 분석을 중점적으로 수행하죠. 셀 사이드는 외부에 아이디어를 제공하는 가치가 중요하기 때문에 꼭 포트폴리오 차원의 최종적인 매수 단계를 고려하지는 않아요. 시장의 방향성이나 투자 방법론에 대한 아이디어를 정리하면, 바이 사이드가 그 자료에 영감을 받아서 실행 가능하도록 세밀하게 분석한다고 보면 돼요. 바이 사이드, 즉 펀드 매니저는 특성상 모든 종류의 퀀트 투자를 하는 것은 아니기 때문에 수많은 퀀트 전략 중 일부만 사용하는 반면, 셀 사이드 퀀트 애널리스트는 당장 관리해야 하는 포트폴리오가 없으니 다양한 주제를 가지고 자유롭게 퀀트 아이디어를 생각하고 리서치할 수 있어요.

퀀트의 유효성에 대한 질문입니다. 과거의 데이터를 가지고서 분석을 하기 때문에 미래에도 해당 패턴이 유효할지 의문을 가질 수 있습니다.

심오한 주제이지만 결론은 명확해요. 과거 데이터를 가지고 열심히 분석해야 돼요. 다만 과거 데이터를 가지고 분석한 과거 전략을 바로 현실에 적용해 돈을 벌려고 하면 실패해요. 명백한 사실이에요. 저도 예전에 실수했던 적이 있어요. 과거 특정 기간의 자료 분석에서 연 수익률이 20, 30%가 나온 것을 확인하고 바로 연구 자료로 제시한 거죠. 우리나라 퀀트 역사가 짧은 탓이기도 해요. 물론 어느 분야나 과거 데이터를 가지고서 섣부르게 분석하는 사례가 발생하지만 금융 분야는 특히 조심해야 할 필요가 있어요.

요새는 단순 과거 자료를 가지고 분석하지 않고 더 정교하게 분석하고 있습니다. 표본 내 데이터와 표본 외 데이터를 나눠서 모델 설계를 하는 식이죠. 모델 설계에 사용되지 않은 표본 외 데이터를 사후에 입력해 보면서 반복적으로 모델 예측성을 높일 수 있어요. 가령 2001년부터 2018년 데이터를 한 번에 모두 입력해 모델을 설계하고 바로 사용하는 것이 아니라 2001년부터 2005년까지 다섯 해 동안 데이터를 먼저 입력해 모델을 설계한 후 2006년 데이터를 대입해 봐요. 보통 앞선 기간 동안 좋았던 모델 수익률이 2006년에는 반토막이 돼요. 그럼 2006년 데이터를 넣어 다시 모델을 설계하고 다음 연도 데이터로 검증해 보는 식이죠. 전진 분석[10]이라고 부르는데 이런 식으로 검증하다 보면 과거에 좋은 수익률을 냈던 전략들이 소위 폐기 처분되는 경우가 많습니다. 여기에 몬테카를로 시뮬레이션[11]을 만들어 여러 상황을 확률별로 평가해요. 100억 원, 1,000억 원 등 큰 자금을 해당 모델을

---

10 전진분석(Forward analysis): 과거의 일정 구간에서 시스템을 최적화한 다음 변수 그대로 미래 기간에 적용함으로써 신뢰도를 측정하는 분석 방법이다. 미래 현상이 과거와 똑같이 움직인다는 보장이 없다는 전제하에 수행한다.

11 몬테카를로 시뮬레이션(Monte Carlo simulation): 난수를 이용하여 함수의 값을 확률적으로 계산하는 알고리즘이다. 수학이나 물리학에서 자주 사용되며 계산하려는 값이 닫힌 형식으로 표현되지 않거나 복잡한 경우 값을 근사적으로 계산하기 위해 사용한다.

사용해서 투자해도 큰 손실이 발생하지 않겠다는 확신이 생겼을 때 투자하는 거예요.

퀀트가 과거의 데이터에 매몰되어 있다고 말하는 이들은 이러한 상세 분석 과정을 모르거나, 퀀트의 역사가 짧다 보니 체계적인 분석 과정을 거치지 않은 분석가들의 자료를 접하면서 오해한 것이겠죠. 현재는 단순 과거 데이터의 맹점을 보완하고 예측성을 높이는 도구가 많이 활용되고 있어요. 생각해 보면 난센스이기도 해요. 이 세상에 있는 모든 사람은 과거 데이터를 가지고 분석을 해요. 미래 데이터로 분석할 수 있는 사람은 없죠(웃음). 내부 정보를 불법적으로 취득하지 않는 이상 아무리 좋은 컴퓨터를 사용하더라도 과거 데이터를 가지고 예측할 수밖에 없잖아요.

딥러닝 등 인공지능 기술도 금융 분야에 적용되고 있습니다. 어떤 형태로 도입되었는지, 어떤 한계점이 있는지 궁금합니다.

국내보다 해외 시장에서 많이 사용되고 있어요. 앞으로 5년, 10년이 아니라 몇 개월 단위로 쓰임새와 적용 범위가 달라질 거예요. 인간의 뇌 구조를 모방한 것이 딥러닝인데 아직 한계가 있어요. 계산량이 어마어마하기 때문에 연산이 오래 걸리고 실제 사람과 같은 수준의 자유로운 사고는 하지 못해요. 그럼에도 생각보다 많은 문제를 해결해 주고 있는 기술이죠. 금융 업계에 속한 전문가들은 기본적으로 마음이 급하거든요. 빨리 모델을 만들고 시장에 적용해서 수익률을 높이고 성과급을 받아서 부자가 되겠다는 생각을 가지고 있어요. 알파고가 등장하고 딥러닝 기술이 대중적으로 알려졌을 때 금융 전문가들도 딥러닝 모델에 데이터를 넣고 빠른 시간 내에 종목을 선정해 주기를 기대했는데, 말처럼 쉽지 않다는 것이 현재의 중론이에요. 얼마 전까지만 해도 딥러닝으로 핵심 종목을 선택했는데 생각보다 성과가 별로였죠. 왜 성과가 좋지 않았는지 연구하다 보니 딥러닝의 특성 때문이라는 결론을 내렸어요. 예측 능력과 추론 능력이 뛰어나기 때문에 정해진 숙제를 주면 훌륭하게 풀어 주는데, 어떤 숙제를 주고 어떤 데이터를 학습시켜야 하는지는 고려하지 않았던 거예요. 분석하기 전에 어떤 시점의 데이터, 어떤 자산 데이터를 사용해야 하는지 등 데이터 처리 부분이 더 중요한 거죠.

요새는 매수, 매도 주문 기능에 인공지능이 적용되고 있어요. 인간이 하루에 100만 개의 주문을 낸다고 하면 한 번에 1만 개로 쪼개서 주문을 하는 식으로 간단한 전략을 구사했거든요. 이제는 머신러닝으로 호가창을 분석해서 최대한 효과적인 호가를 도출해 내는 방식으로 도입하고 있습니다.

일반적으로 퀀트가 알고리즘 매매와 겹치는 영역이 있다 보니 고빈도 매매(HFT) 역시 의미 있는 주제죠. 국내 현물 시장에서는 거래세 등으로 인해 아직 HFT가 활발하게 이뤄지고 있지 않지만 해외에서는 상당한 거래액이 HFT로 진행되고 있습니다.

현재 선물, 옵션 등 우리나라 파생상품 시장에는 총거래의 70%가 알고리즘 매매로 이루어지고 있을 정도로 보편화되어 있어요. 현물 시장에는 전통적인 의미의 HFT는 전혀 없다고 보면 돼요. 언론 기사에서는 HFT라는 용어가 자극적이고 미래 지향적으로 비쳐서 의미 구분 없이 사용하는데, 용어의 정확한 정의를 먼저 알아야 돼요. 엄격한 의미의 HFT는 1/1000초 단위로 거래가 진행되고 호가 주문을 냈다가 취소하는 비율이 90% 예요. 허수 주문인 거죠. 매수와 매도 주문을 함께 넣었다 빼면서 한쪽으로 주가가 쏠리면 빨리 따라붙거나 미끼 주문을 내고서 다른 알고리즘을 속이는 형태를 취하죠. 거래세가 0%인 투자자만 할 수 있는 전략이에요. 초단기로 매수, 매도 주문을 내면서 아주 작은 수익을 얻기 때문이죠. 거래세가 5bp[12], 10bp만 매겨져도 구사하기 힘들어요. 우리나라 주식 현물 시장 거래세는 오랫동안 30bp였다가 얼마 전에 25bp로 줄어들었죠.

그럼에도 엄정한 의미의 HFT가 아니라 넓은 의미의 알고리즘 트레이딩이 이루어지긴 해요. HFT처럼 하루에 수천, 수만 번까지는 아니지만 수백 번 거래하는 소위 중빈도 매매 업체가 이미 국내로 들어왔고 앞으로 더 많은 업체가 들어올 거예요. 아직 현물 시장에 0.25%라는 거래세가 존재하지만 금융 당국에서도 점차 거래세를 인하할 계획을 가지고 있어요. 결국 거래세를 0%로 만드는 방향으로 가겠죠. 주식 거래로 손해를 보는데도 거래세를 내는 것은 이치에 맞지 않기

---

12 Basis point(bp): 금리 또는 수익률을 나타내는 기본 단위로 100분의 1%를 뜻한다.

때문에 양도차익세로 전환하는 거예요. 미국의 시타델(Citadel)처럼 하루에 400억 원을 거래하는 입장에서는 0.05%만 세금을 덜 내도 하루 2,000만 원의 비용을 줄일 수 있잖아요. 1년이면 50억 원의 비용을 줄이는 셈이니, 앞으로 5bp 내릴 때마다 국내 시장에 들어올 요인이 생기는 거죠. 예전 같았으면 이런저런 비용을 계산해 봤을 때 20억 원 손해 보는 전략이라서 스위치를 꺼 놓은 알고리즘이었다면, 이제는 거래세가 내려갈수록 50억 원이 이익 나는 전략이 되니까 실행하지 않을 이유가 없는 거죠.

미국에서는 이미 예전부터 거래세가 0%였기 때문에 총 주식 거래액에서 HFT가 차지하는 비중이 60%예요. 추산 가능한 거래액만 60%고 실제로는 더 클 거예요. 미국 시장은 내부에서 경쟁이 너무 심해졌고 알고리즘이 아닌 장비 경쟁으로 넘어간 지 오래예요. 조금이라도 주문을 빨리 내기 위해서 시카고와 뉴욕 사이에 광케이블을 설치하고서 헤지펀드에 비싼 값으로 팔기도 하고요. 이런 상황이다 보니 아시아 시장으로 진출하는 것이 공공연한 목표가 됐어요. 마침 한국은 시장 규모도 적당하면서, 국내 기관의 영향력이 여러 이유로 줄어들었고, 개인 투자자들을 위한 투자 교육 수준이 아직 미진하기 때문에 현명하지 못한 과잉 거래가 많이 이루어져요. 게다가 거래세도 5bp씩 줄어들고 있잖아요. 공략하기에 정말 좋은 시장이죠.

퀀트를 목표로 하는 학생 또는 이제 막 퀀트로서 경력을 시작한 이들에게 전문성과 태도 측면에서 어떤 조언을 해 주고 싶은가요?

경력직 채용이라면 전문성에 중점을 두겠지만 신입을 채용한다면 태도를 많이 보게 돼요. 신입은 프로그래밍을 잘한다고 하더라도 다른 이들과 큰 차이가 안 나요. 기술적인 부분을 더 향상하기 위해 애쓰기보다는 열심히 배우고자 하는 의지, 어려운 상황에 직면했을 때 초심을 잃지 않고 계속 도전할 수 있는 끈기를 보여 주는 것이 중요해요. 퀀트에는 기계적이고 정량적인 의사결정뿐 아니라 정성적인 부분도 개입되기 때문에 다양한 분야의 책을 읽는 것을 추천해요.

마지막 질문입니다. 앞으로 국내 퀀트 분야가 어떤 방향으로, 그리고 어떤 형태로 발전할 것이라 예측하나요?

큰 틀에서 퀀트 활용도나 전문 인력은 성장할 거예요.

다만 세부적인 양상은 선진 시장과 다를 수 있어요. 우리나라는 시장 규모가 작기 때문에 손익분기점을 넘기는 데 한계가 있습니다. 그런데 어느 순간 계단식으로 한 번에 성장하는 시기가 올 거예요.

은행, 보험, 증권, 운용 등 금융 서비스로 나눠 보면 특히 은행이 인프라 구축이나 서비스 개발 측면에서 두각을 나타낼 거예요. 은행에서 직접 퀀트 모델을 만들지는 않겠지만 넓은 의미의 계량적인 방법론을 사용해서 금융 비즈니스에 활용하는 거죠. 은행은 몇백억 원을 출자해 인공지능 자산운용 서비스를 위한 별도 법인을 만드는 반면, 1년에 백억 원도 못 버는 운용사들은 절대 그렇게 할 수 없죠. 은행업에서 금융 플랫폼 형태로 퀀트가 크게 활용될 거예요.

우리나라 큰 IT 업체들도 금융사와 손잡거나 아예 금융사를 인수해서 금융 분야로 진출하기 시작했죠. 간편 결제 서비스로 가볍게 진출하면서 인프라를 점차 구축했고 앞으로 더 적극적으로 분야를 확장할 거예요. 비금융권도 데이터 사이언스를 활용해 퀀트 분야로 접근하고 있는데, 전통 금융사들이 오히려 더딘 상태입니다. 회사 규모가 작기 때문에 운용사는 투자를 거의 하지 못하고 있고요. 정부에서도 핀테크 기업들을 육성하기 위해 여러 투자를 하고 있으니 기존 금융권 서비스보다 더 다양한 형태로 발전하게 될 거예요. 이런 맥락에서 퀀트 인력에 대한 수요도 더 많아지겠죠. 정리해 보면 은행권의 금융 서비스 위주로 저변이 확장되다가, 어느 순간 계단식으로 퀀트 분야 전체가 성장하게 될 겁니다.

PERSON 05

퀀트는 개인화를 추구한다

박원정 은행 퀀트 연구위원

PERSON 05
박원정 은행 퀀트 연구위원

자기소개 부탁합니다.

저는 신한은행에서 자산 관리 서비스에 탑재되는 알고리즘 제작을 하고 있어요. 고객을 위한 앱 서비스에 로보어드바이저[1]가 들어가 있는데, 이를 작동시키는 엔진을 개발하고 유지보수하죠. 서비스 하나를 운영하는 데 은행 내 다양한 부서가 관여하고 있거든요. 기획, 시스템 백업, UI/UX 담당 등이 있는데 그중 개발을 담당하고 있습니다. 지금은 핀테크[2] 분야 퀀트지만 이전에는 자산운용사 퀀트로 10년 정도 일했어요. 퀀트 펀드와 액티브 펀드 모두 운용했던 경험이 있어요.

---

1 로보어드바이저(Robo-advisor): 로봇(Robot)과 어드바이저(Advisor)의 합성어로 알고리즘, 빅데이터 분석 등을 통해 개인의 투자 성향을 반영하여 자동으로 포트폴리오를 구성하고 운용하는 온라인상의 자산 관리 서비스를 말한다.

2 핀테크(Fintech): 금융(Finance)와 기술(Technology)의 합성어로 금융 분야에 최신 IT 기술을 적용해 부가가치를 높이는 금융 기술을 의미한다.

퀀트에 처음 관심을 갖게 된 계기가 궁금합니다.

전공이 산업공학이에요. 다양한 산업에서 발견할 수 있는 문제를 최적의 방법으로 해결하기 위한 연구를 하는 학문이죠. 제조업 분야가 주요 주제이긴 한데, 대학교 3학년 때 금융공학 수업을 듣게 됐어요. 굉장히 흥미롭더라고요. 제조업 위주로 사용됐던 공학 지식이 금융에서도 사용된다는 점이 놀라웠고, 월스트리트에서 이 지식으로 돈을 많이 벌고 있다는 사실에 또 놀랐죠. 이후 시카고 대학교에서 금융수학 석사 과정을 밟으면서 자산운용사 퀀트로 커리어를 이어가야겠다는 생각을 했습니다

공학과 수학을 기반으로 퀀트 분야에 진입하셨네요. 국내 퀀트 시장에 참여하려면 공학적인 능력이 필수적으로 뒷받침되어야 하나요?

수학, 통계, 프로그래밍 능력이 중요하기는 하지만 금융 시장에 대한 관심이 기반되어 있어야죠. 수학이나 코딩 능력이 출중한데 금융에 대한 지식과 경험이 부족해서 쉽게 진입하지 못하는 경우가 꽤 있어요. 개인적으로 흥미 있는 금융 관련 주제를 발견해 보기를 추천해요. 퀀트에도 다양한 분야가 있는데 모두 학습한

후 진입하겠다는 다짐은 부담스러운 일이거든요. 논문이나 책을 통해 흥미 있는 주제를 찾은 뒤, 이에 필요한 수학이나 코딩 능력을 차근차근 쌓아 올리다 보면 자연스럽게 경험이 쌓이며 커리어로 이어질 거예요.

그나마 수학은 학창 시절부터 교육 과정을 통해 접해 왔지만 프로그래밍은 근래 주목도에 비해 접근성이 떨어지는 편입니다. 퀀트로서 갖춰야 할 프로그래밍 실력은 어느 정도일까요?

신입이라면 다른 사람이 작성한 코드를 이해할 수 있을 정도는 되어야 해요. 조금 더 바라는 바는 논문을 읽고 직접 구현해 보는 연습을 하는 거죠. 굉장히 좋은 준비가 될 거예요. 앞선 맥락과 같이 본인이 흥미를 가지고 있는 주제를 선정해서 연습해 보는 방법이 효율적이겠죠. 코딩에 대한 개론서를 읽는다 하더라도 퀀트 분석에 개론서의 모든 내용이 필요한 것은 아니거든요. 퀀트 모델을 구성하는 데 필요한 지식만 모아서 학습하는 방법이 즐겁게 배우는 데 도움이 돼요. 이런 방식으로 준비된 사람이 현업에서도 훌륭하게 활동할 수 있을 테고요.

증권사와 자산운용사를 거쳐 현재 은행에서 퀀트 업무를 하고 있으신데요. 퀀트를 다양하게 활용해 온 만큼 퀀트를 어떻게 정의 내리는지 궁금합니다.

금융 시장이 어떤 상황인지 알아내고 상황에 따라 의사결정하는 것이 투자라면, 금융 전문 지식을 사용해 계량적으로 투자하는 과정을 퀀트라고 봐요. 이렇게 말하면 '퀀트뿐 아니라 누구나 금융 시장에 대해 이해하고 수치로 측정할 수 있지 않냐'라고 할 수 있지만 직업으로서 퀀트는 더 전문적인 계량 분석을 수행합니다. 퀀트라고 해서 유별나고 낯선 개념이 아니라, 이미 금융 시장에서 많은 사람이 부분적으로 사용하는 개념이에요.

퀀트를 분야라는 관점으로 바라볼 수도 있지만, 하나의 분석 도구로 볼 수도 있겠죠.

퀀트 방식을 사용하면 자신만의 도구를 만들게 돼요. 일반적인 투자자도 마찬가지예요. 다만 계량적인 방법을 사용하지 않았을 뿐이지. 자신만의 경험이나 감을 기반으로 투자 철학을 만들죠. 퀀트는 그 기준을 수치로 환산해서 운용하는 거예요. 그렇기 때문에 퀀트는 보편적인 방향을 지향한다고 볼 수 있어요. 어떤 금융 상황을 측정하고 수치화한다는 의미는 편향된 기준을 배제한다는 뜻이잖아요. 다양한 시장 환경을 아우를 수 있는 잣대를 생각하게 되죠. 기존의 금융 시장을 이해하는 보편적인 모델을 만들게 돼요. 퀀트에서 사용하는 다양한 금융 모델은 퀀트를 사용하는 사람이 아니더라도 금융 시장을 이해하는 데 도움을 준다고 생각해요. 효율적시장가설(EMH)이나 평균-분산 포트폴리오[3] 같은 이론이 퀀트만의 전유물은 아니에요.

은행업에서 사용하는 퀀트는 어떤 양상으로 전개되고 있는지 자세히 듣고 싶습니다.

저는 핀테크 관점에서 퀀트를 사용하고 있어서 일반 증권사나 자산운용사의 퀀트와 다를 것 같아요. 현재 핀테크의 트렌드는 개인화예요. 이전에는 개인마다 투자 목적이나 성향이 다르더라도 획일화된 상품을

---

3   평균-분산 포트폴리오(Mean-variance portfolio): 자산의 가치는 미래의 기대수익률과 위험이라는 두 요소에 의해 결정되며 기대수익률이 높고 위험이 작을수록 자산의 가치는 높아진다. 여러 투자 대상 중 수익률의 표준편차로 측정한 위험 수준이 동일한 경우, 가장 위험이 낮고 수익률이 높은 포트폴리오를 의미한다.

제시할 수밖에 없었어요. 한 고객의 투자 기간, 감당할 수 있는 위험 성향이 어떻든 규격화되어 있는 상품을 제시해 왔죠. 개인화는 고객별로 각기 다른 투자 솔루션을 제공해 주는 개념이에요. 예를 들어 1년 투자할 때와 3년 투자할 때 투자 상품이 달라져야 하거든요. 투자하는 자금이 절대적으로 손실을 피해야 한다면 또 달라지고요. 디지털 분야가 발전하면서 개인의 다양한 니즈에 맞추는 방향으로 핀테크가 성장하고 있어요.

이런 모든 과정을 사람이 할 수는 없잖아요. 10만 명의 고객이 있다면 각기 다른 10만 개의 포트폴리오를 제공하고 관리해야 한다는 건데, 너무나 부담스럽죠. 이런 문제점을 효과적으로 해결하기 위해 퀀트 방법론이 적용되는 거예요. 모든 데이터를 계량화하고 수리적인 과정을 통해 의사결정하다 보니 자동화 서비스에 적합해요. 이전에는 자산 운용이나 파생상품 설계, 리스크 관리 영역에서 퀀트가 사용됐다면 지금은 포괄적인 자산 관리 영역에 사용되는 추세예요.

모든 데이터와 과정을 계량화한다면 정성적인 분석은 완전히 배제하나요?

> 짧은 시간에 다양한 서비스를 제공하려면 정성적인 분석을 개입할 시간이 없어요. 모델이 설립되면 정량적으로 운영되어야 맞아요. 모델이 만들어지기 전에는 대부분 정성적인 판단이 들어가요. 가짜 뉴스가 있는 것처럼 가짜 모델이 있어요. 금융에 관해 지식이 전혀 없는 사람이 통계학 지식만 가지고 모델을 만들었다고 가정해 볼게요. 그 모델은 가짜 모델일 가능성이 높죠. 겉으로는 작동하는 것처럼 보이겠지만 과연 금융 지식이 적용되지 않았는데 실제 서비스가 가능할까요? 이에 대해서는 크게 고민하지 않아도 답을 찾을 수 있죠. 아무리 정량적인 분석이 주를 이룬다고 하더라도 모델을 만드는 과정에는 금융에 대한 정성적인 지식이 반드시 있어야 해요. 이를 도메인 지식이라고 부르죠. 인공지능을 다룰 때도 비슷한 논점이 드러나요. 인공지능이 자동으로 학습해서 도출된 결과가 합리적으로 산출된 결과인지 판단하기 위해서는 금융 시장을 알아야 한다는 거예요.

이와 관련된 언급은 어제오늘 일이 아닙니다. 통계학

이 금융에 적용되면서 항상 나왔던 이야기죠. 상관관계와 인과관계의 차이 말이에요. 특정 두 대상 A와 B를 분석할 때, A를 예측하기 위해 B가 필요하다는 인과관계로 오해할 여지가 있어요. A가 무엇인지, B가 무엇인지 정확히 알고 나면 인과관계는커녕 상관관계조차 없는 경우가 있어요. 대표적인 예로 선풍기 틀어 놓고 자면 죽는다는 괴담이 있었어요. 몇 명의 사망자가 선풍기를 틀어 놓고 자다가 사망했기 때문에 그런 이야기가 나왔을 거예요. 심지어 TV에서도 사실이라며 방송했던 적이 있었는데 나중에 두 사건 사이에 전혀 인과관계가 없다는 연구 결과가 발표됐어요. 이런 오해가 통계학, 머신러닝, 퀀트 영역에서도 충분히 발생할 수 있습니다.

이와 같은 문제점을 판단할 수 있는 능력이 필요합니다. 여전히 도전적인 문제거든요. 퀀트를 제대로 수행하려면 수학, 프로그래밍, 과학에 대한 지식과 더불어 금융에 대한 이해를 갖춰야 해요. 금융 지식이 없다면 도출된 결과물을 판단할 수 없어요. 이런 맥락에서 앞서 언급했듯이 자신이 좋아하는 주제를 공부해 가는 게 다양한 지식을 동시에 학습할 수 있는 방법이라고 생각해요. 퀀트는 여러 분야가 융합된 주제이기 때문에 학문 분야를 나눠서 접근하면 시간이 오래 걸릴 수밖에 없어요. 결국 지치게 되죠.

로보어드바이저라는 용어가 핀테크 분야에서 많이 사용되고 있습니다. 로보어드바이저에 대한 정의와 실제 사용자가 어떤 형태로 접하고 있는지 궁금합니다.

로보어드바이저에 대한 정의는 미국 시장에 비춰서 봐야 해요. 처음에는 고액 자산가들을 위한 PB[4] 서비스를 대중에게 제공하겠다는 콘셉트로 시작했어요. 각 고객의 재무 목표를 확인하고, 스케줄을 관리하고, 사후 관리를 하는 데 들어가는 노력과 비용이 보통이 아니잖아요. 알고리즘이나 인공지능과 같은 IT 분야의 발전으로 비용 효율적인 서비스 제공이 가능해진 거죠. 요즘은 영업점에서 가입이 가능함에도 애플리케이션 위주의 자산 관리 서비스를 제공하고 있어요.

---

4 PB(Private banking): 금융 포트폴리오 전문가가 거액의 예금자를 상대로 수익을 올리도록 컨설팅 해 주는 업무를 의미한다.

일반적인 퀀트를 떠올리면 투자를 위한 여러 데이터를 분석하는 개념으로 이해됩니다. 로보어드바이저의 관점으로 보면 고객과의 접점이 더 중요해지겠네요.

자산 관리 서비스 안에서 퀀트의 목표는 고객에게 어떤 효용을 줄 수 있을지 고민하는 작업부터 시작돼요. 고객의 니즈 파악이 선행되어야 하죠. 최근에는 금리가 낮아지다 보니 그동안 이자 수익을 중요시했던 고객에게 어떤 노후 관리 서비스를 제시할지 기획하는 단계도 필요합니다. 노후 자금의 중요성이 커지다 보니 장기적으로 자산을 관리해 줄 수 있는 니즈를 어떻게 충족시킬지 고민도 해야 하고요. 서비스의 필요성이나 기획이 정리된 이후에는 실제로 구현하는 것에 대한 고민으로 넘어가요. 저 역시 기획 단계부터 참여해요. 알고리즘을 담당하고 있으니 제 경험에 비추어 특정 기획이 개발적으로 구현 가능한지 의견을 제시할 수 있잖아요. 현실성 높은 기획을 채택하고 개발하는 과정으로 업무가 이루어집니다.

워낙 대규모 서비스이기 때문에 단순히 개발을 하겠다면서 시작할 수는 없는 일이에요. 서비스 측면에서 가능한지 검토하는 작업도 필요하잖아요. 간단한 모델을 만들어서 검증한 후 전문적인 개발자, 디자이너와 협업해서 발전시킵니다. 서비스 출시 이후에도 미처 예상하지 못했던 고객 피드백을 받아 모니터링을 해야 돼요. 개선점에 대한 의견을 살펴보면서 고객의 또 다른 니즈를 찾을 수도 있어요. 이런 일련의 과정의 연속입니다.

자산운용사의 퀀트는 수익률을 높이는 것이 목적이잖아요. 투자 전략이 핵심이죠. 반면에 은행의 자산 관리 분야에서는 투자 전략이 여러 요소 중 하나예요. 여러 고객을 위한 다양한 투자 전략과 엔진이 존재해야 하고 이후에 관리하는 과정도 필요해요. 모든 과정을 자동화해야 하니 알고리즘이 추가적으로 들어가게 되고요. 이 모든 과정을 측정하는 것도 중요해서 결국 모든 업무 분야에 퀀트가 적용되는 거죠.

금융과 개발에 대한 지식 외에 서비스 기획, 디자인에 대한 지식도 필요하군요.

그럼 금상첨화일 텐데 쉽지 않아요(웃음). 대중을 위해 운영하는 서비스다 보니 대중의 한 사람으로서 아이디어를 제시할 수는 있겠죠. 이 분야에 관심이 많은 사람이어야 돼요. 평소에 관심을 갖지 않고 있다가 갑자기 업무를 맡게 되면 어려워요.

로보어드바이저 등 자산 관리 서비스를 사용한다는 의미는 금융 소비자가 전문가에게 투자 의사결정을 맡긴다는 의미로 해석할 수 있습니다. 그럼 일반 개인 투자가가 직접 투자에 퀀트를 사용할 수는 없을까요?

충분히 사용할 수 있어요. 예전과는 달리 퀀트가 대중화되었어요. 관련 서적도 많아졌고요. 금융 시장을 수치화해서 투자에 사용하겠다는 아이디어는 누구나 할 수 있잖아요. 어느 정도로 사용하느냐 정도의 차이지, 아예 사용하지 않을 사람은 없을 거라고 생각해요. GDP를 보고 투자하는 것도 큰 의미에서 수치를 분석해 투자하는 것이니까. 퀀트를 사용하면 무조건 수익이 난다고 생각하지 말고 본인의 필요에 맞게 전문적인 지식을 학습해서 사용하면 좋겠어요. 개인의 경험에 따라 퀀트를 충분히 사용할 수 있습니다.

현재 개인 자산 관리 분야에서 주로 사용하는 퀀트 기법은 무엇이 있는지 궁금합니다.

굉장히 다양한 사례와 기법이 있지만 리스크에 대한

개념이 중요해요. 단순히 수익률만 생각하기는 어려워요. 리스크 대비 높은 수익률을 달성할 수 있는 전략을 찾는 것이 목표기 때문에 리스크와 수익률의 관계를 염두에 둬야 해요. 자산 관리 분야에서 유효한 전략은 분산 투자예요. 달걀을 여러 바구니에 담는 거죠. 기대수익률이 조금 낮아질 수는 있지만 리스크도 함께 낮출 수 있어요. 자산 관리 서비스 퀀트 전략의 근간이 돼요.

특정 자산에 대한 기대수익률과 리스크를 어떻게 측정하는지에 따라 다양하게 나뉘어요. 사람마다 다르고 기법마다 다르죠. 얼마나 많은 자금과 얼마나 많은 종류의 자산에 투자하길 원하는지에 따라 또 다르고. 어떤 사람은 20개 자산에 두사하길 원하는 반면, 단 3개 자산에만 투자하길 원하는 사람도 있고. 너무나 사례가 많기 때문에 일반론적인 퀀트 전략을 말하기 어려워요. 결국 경우에 따라서 최적의 투자 전략을 찾아가게 됩니다.

자산운용사는 기관 투자자로부터 큰 규모의 자금을 위탁받아 투자하는데 10개 종목에만 투자해서는 안

되거든요. 기관 투자자가 제시한 가이드라인에 맞춰서 최고의 효율을 기대할 수 있는 방법을 찾는 순서로 업무가 진행돼요. 반면 로보어드바이저 서비스는 달라요. 개인에게 100개 종목을 추천할 수는 없잖아요. 자그마한 애플리케이션에서 100개 종목을 모두 볼 수는 없으니까요. 더 간단한 형태로 자산 관리 서비스를 제공해야 돼요. 이렇게 서비스나 응용 주체에 따라 퀀트 전략의 종류가 달라집니다.

개인 자산 관리 영역의 로보어드바이저라 함은 개인 투자자가 위험 회피 성향을 가지고 있을 경우 패시브 펀드를 추천해 주는 식의 추천 알고리즘을 떠올리면 될까요?

궁극적으로는 그런 방향을 지향합니다. 초(超) 개인화죠. 단계적으로 투자 성향과 재무 목표에 맞춰 개인화된 자산 서비스를 구축하는 것을 목표로 합니다.

퀀트 기법이 현실에서도 유효한지에 대한 질문입니다. 과거의 데이터, 패턴이 미래에도 지속할지 의구심을 가질 수 있습니다.

그 논란의 중심에는 국내 주식 투자가 있어요. 저 역시 펀드 운용을 해 봤지만 국내 주식은 퀀트 운용이 어렵다고 봐요. 사람의 선호나 상황에 따라 퀀트 전략이 잘 맞거나 틀릴 때가 있고, 직접 기업 탐방을 하는 액티브 투자가 오히려 더 많은 정보를 갖고서 투자할 수 있어요. 국내 주식만 보면 유효성을 이야기하기 어려워요. 퀀트의 장점은 다양한 자산군에 투자할 때 빛을 발한다고 생각해요. 해외 투자를 포함하죠. 미국이나 중국에 있는 주식을 액티브 투자 방법을 사용해서 분석하는 것은 어려워요. 물리적으로 우리는 국내에 있기 때문에 시간이나 비용을 고려해 보면 해외 기업을 직접 탐방하기 어렵죠. 억지로 한다고 하더라도 비효율적이에요. 해외 주식뿐 아니라 채권, 부동산 등 자산군을 넓히면 더 큰 분산 효과를 얻을 수 있기 때문에 이런 맥락으로 퀀트를 사용할 수 있어요. 퀀트 방식 외에는 해외 분산 투자의 대안이 없는 상황이에요.

보통 사람들이 수익률 기준으로 유효성을 이야기하잖아요. 그런데 수익률은 좋을 때도 있고 안 좋을 때도 있어요. 저는 수익률보다 퀀트 투자가 가지고 있는 장점으로 유효성을 판단하고 싶어요. 퀀트라고 해서 모두 수익률이 좋지는 않거든요(웃음). 퀀트 방법론을 활용해 시장 인사이트를 찾아내서 적절한 퀀트 모델을 개발하면 수익률은 뒤따라 오는 거예요.

보통 퀀트 투자와 기업 탐방을 다니는 액티브 투자를 반대 개념으로 생각합니다. 두 영역을 융합할 수 있는 접점이 있을까요?

액티브 투자와 퀀트를 비교해 봤을 때 퀀트는 다양한 시장 환경에 대해 보편적인 관점을 제시해요. 반면 액티브 분석은 지금 나타나는 현상에 대한 케이스 스터디 형식으로 집중하죠. 액티브 투자를 하는 전문가 입장에서는 퀀트가 구체적이지 않아 보이고, 퀀트 전문가 입장에서는 액티브 투자가 너무 하나의 현상에 집중한다고 봐요. 둘 사이의 균형이 맞으면 가장 좋지만 현실에서는 어려워요. 사람의 성향이 각기 다르기 때문이죠. 그래도 투자 성향이 다르다는 말은 자신만의 투자 철학을 쌓아 갈 수 있다는 의미예요. 워런 버핏과 같은 투자 대가들을 보더라도 그들의 의사결정이 항상 옳은 것은 아니잖아요. 하지만 자신만의 투자 철학이 있으면 조금씩 다듬어 가면서 장기적으로 높은 수익률을 달성할 수 있어요. 퀀트와 액티브 투자의 접점은 **분명** 있지만 그게 꼭 정답이라고 생각하지는 않아요.

머신러닝 등 인공지능 기술이 개인 자산 분야에 어떻게 적용되는지, 그리고 어떤 한계성이 있는지 궁금합니다.

인공지능이 모델 리스크(Model risk)를 줄일 수 있다고 생각해요. 과거를 떠올려 보면 2010년 이후로 미국에서 알고리즘 트레이딩으로 인해 지수가 급락하는 일이 몇 차례 발생했어요. 훗날 알고리즘 오류에 따른 시장 충격이었다고 밝혀졌고 알고리즘 트레이딩에 대한 경각심이 높아졌어요. 이런 양상이 모델 리스크예요. 시장이 의도치 않은 방향대로 흘러갔을 때 예상치 못한 일이 발생할 수 있다는 거죠. 금융 시스템을 혼란스럽게 만들 수 있어요.

1998년도에 노벨상 수상자들이 만든 LTCM(Long-Term Capital Management L.P.)이라는 펀드에서 사건이 발생했었어요. 이 사건도 모델 리스크라고 생각하고 있어요. 내로라하는 똑똑한 사람들이 만들었음에도 실패했잖아요. 당시 러시아 국채 매수 포지션을 가지고 있는 상황에서 러시아가 모라토리움(Moratorium)을 선언했죠. LTCM이 보유하던 러시아 국채가 모두 휴지 조각이 됐죠. 모델이 예상하지 못했던 사건이었어요.

요즘에는 모델 리스크가 점점 커지고 있어요. 미국 주식 시장의 경우 전체 거래의 80%가 알고리즘에 의해 거래된다고 말할 정도로 모델 리스크가 더 중요해지고 있죠. 일반 퀀트 모델의 경우 기존의 시장 상황이 일정 기간 유지될 것이라는 가정을 내포해요. 시장 상황이 바뀌면 모델을 시장 상황에 맞게 수정해 줘야 하고, 제때 수정이 되면 리스크가 감소하는 거죠. 정기적으로 모델을 점검하는데, 문제는 사람이 점검하다 보니 사람의 편향이 개입돼요. 시장이 변했는데 바뀌지 않았다고 생각할 수도 있는 거예요(웃음). 인공지능의 학습 기능이 대안이 될 수 있어요. 매번 발생하는 시장 상황을 학습하며 시시각각 모델을 맞춰 갈 수 있어요. 사람이 월말에 정기적으로 검토했는데 월 중간에 문제가 발생하면 리스크 관리를 할 수 없잖아요. 핀테크 분야에서는 모델 리스크를 줄이기 위한 목적으로 인공지능이 유효하고, 해외에서도 점점 알고리즘 트레이딩에 인공지능을 활용하는 추세입니다.

반면 단점도 있어요. 인공지능은 고차원 함수라고 생삭해 볼 수도 있어요. 시장에 대해 매번 학습하지만 고차원 함수로 분석이 이뤄지다 보니 사람이 이해하기 쉽지 않아요. 뜯어 봐도 무슨 의미인지 이해할 수 없다는 말이죠. 인공지능의 학습 기능이 장점인 동시에 블랙박스와 같은 특성으로 인해 단점이 되는 거예요. 양날의 검이죠. 학습을 하더라도 시장에 적합한 상태인지 확신을 가지기 쉽지 않아요. 인공지능 엔진을 만들 때는 시장에 대해 이해한 후 설계해야 하고 수많은 검증이 필요해요. 모델을 이용하는 전문가도 전체 내용을 이해한 상태여야 효과적으로 사용할 수 있습니다.

퀀트 분야가 전체 자산 시장에 어느 정도 영향을 미치는지 궁금합니다.

핀테크 분야에 큰 영향을 미치고 있어요. 자산 관리 분야의 개인화 측면에서 봤을 때 퀀트 이외에 대안이 없는 것으로 보여요. 우리나라가 IT 강국이다 보니 핀테크 산업을 통해 다시 도약할 수 있겠다는 생각도 가지고 있고요. 금융 위기 전에는 펀드 중심이었다가 이후에는 ETF, 랩어카운트[5], 요즘에는 해외 펀드나 주식에 투자하면서 개인들의 투자 방식이 다양화, 세분화

---

5   랩어카운트(WRAP account): 다양한 금융 상품을 하나의 계좌로 관리할 수 있는 종합자산관리계좌를 말한다.

되고 있거든요. 퀀트를 기반으로 한 핀테크 기술이 이와 같은 트렌드에 잘 대응할 수 있겠다는 생각입니다.

비단 퀀트뿐 아니라 금융 시장 전반에 효율적시장가설(EMH)에 대한 논의가 많습니다.

EMH와 행동재무학이 서로 치고받으면서 발전한 것이 지난 금융 역사라고 봐요. 행동재무학은 시장에 비이성적인 특성이 존재하니 비정상을 찾아내면 투자할 기회가 있다고 판단하는 반면, EMH는 중장기적으로 비정상은 정상으로 회귀되어 없어지니 인덱스 펀드에 투자하는 것이 최선이라고 주장하죠. 액티브 펀드 운용자는 행동재무학의 입장을 내세우겠죠. 어떤 의견이 맞는다고 결론을 내리기 전에 양 극단의 입장이 존재했기 때문에 금융 분야가 발전해 왔다는 사실을 봐야 해요.

역사적으로 살펴보면 인덱스 펀드의 수익률이 더 높아요. 하지만 저는 인덱스 펀드의 수익률이 항상 더 우월하다고 보지는 않아요. 패시브 펀드의 운용 보수가 낮기 때문에 평균 수익률이 높을 수는 있겠지만 우리가 50년 이상 길게 투자하지는 않잖아요. 짧게 보면 2

년, 길게 보면 5년 투자한다고 보면 액티브 펀드가 더 우월한 경우도 존재하거든요.

퀀트를 공부하고 싶은 이들을 위해 추천하고 싶은 자료가 있다면 소개해 주세요.

저에게 가장 큰 영향을 미쳤던 자료가 있어요. 2013년에 발표된 'Buffett's Alpha'라는 논문이죠. 액티브 펀드 매니저로 가장 유명한 워런 버핏을 퀀트 관점에서 해석한 논문이라 의미 있게 봤어요. 변동성이 낮고 퀄리티가 좋은 종목을 선별해서 투자하면 워런 버핏과 유사한 성과를 달성할 수 있다는 주장이 결론이에요. 논문에 나온 논리를 가지고 개별 종목을 직접 분석해 봤어요. '논문으로 발표된 거니까' 하고 믿어 넘기지 않고 직접 검증하면서 도메인 지식을 쌓았죠. 2년 정도 분석하고 나서 논문의 내용이 맞다는 확신이 들었어요. 이후 제 이름을 걸고서 가치주 펀드도 시작했고요. 다행히 성과가 좋아서 2016년에 모닝스타가 선정한 루키 매니저에 선정되기도 했죠. 단 한 편의 논문으로 시작해서 실제 성과까지 이어졌던 좋은 경험을 가지고 있습니다. 이 방법이 유일한 방법이라고 생각하지는 않지만 이런 방식으로 접근해 보는 것도 추천해요.

일반적인 바이 사이드, 셀 사이드가 아닌 은행에서 일하는 퀀트가 되기 위한 경력 경로가 별도로 존재하는지도 궁금하네요.

> 제가 처음부터 은행원이 아니었기 때문에 쉽사리 답을 드리기 어렵네요(웃음). 저처럼 외부 전문가의 입장에서 일을 같이 하는 경우도 있고, 공채로 입사해서 본인의 역량을 키워 현재 저와 같이 일하는 분들도 있어요. 사실 출신에 상관없이 늘 퀀트에 관심을 가지고 능력을 향상하다 보면 기회가 오더라고요.

주니어들을 채용하기도 하고 그들과 같이 일할 기회가 많았을 텐데, 처음 퀀트에 진입하는 이들이 갖추면 좋을 마음가짐이 있다면 무엇인가요?

> 자산 관리 서비스 업계는 몇몇 개인이 할 수 있는 영역이 아니에요. 여러 유관 부서가 TF[6]를 만들어 공동의 작업을 하는 경우가 많죠. 같이 일하기에 좋은 사람인

---

6 TF(Task Force): 상설 정규 부서 또는 조직과는 다르게, 특정 업무를 해결하거나 사업 목표를 달성하기 위해 전문가 등을 선발하여 '임시로 편성한 애드훅(Ad hoc)조직'을 의미한다.

지가 중요해요. 소통 능력이 중요하죠. 모나지 않고 두루 어울릴 수 있는 사람이요. 굉장히 능력이 뛰어난데 다른 사람들과 소통하지 않는 모습을 보인다면 작업에 차질이 생기겠죠.

어떤 직업 윤리를 가지고 있는지도 중요하겠다는 생각이 듭니다.

일단 사기 치면 안 돼요. 펀드 매니저였을 때부터 업계 주변에서 워낙 많은 경각심을 일깨워 줘요. 고객을 위하지 않은 부정적인 행위에 대해서 엄벌을 하잖아요. 미디어나 다른 회사 소식을 통해 접했던 터라. 운용업에 있는 정상적인 사람이라면 소위 윤리적인 사람들이 많아요. 이해상충의 문제를 피하기 위해 펀드를 오래 운용했으면서 본인 주식 거래는 한 번도 안 해 본 분도 계시고(웃음).

은행업은 더 엄격한 부분이 있어요. B2C 분야다 보니 평판 리스크가 중요하거든요. 다양한 고객의 민원이 생기죠. 대체로 보수적인 방향으로 서비스를 설계하는 이유가 여기에 있어요. 은행을 찾아온 고객 대부분이 안정성을 추구하기 위해 방문하기 때문이죠. 은행 고객에 맞는 적절한 서비스를 제공해야겠다는 목적을 가지고 운영합니다.

마지막으로 퀀트 분야가 국내 시장에서는 어떤 방향성을 가지고 발전해 나갈지 의견을 듣고 싶습니다.

핀테크 분야에 한정해서 답변 드릴게요. 알고리즘, 인공지능, 퀀트에 대한 수요는 증대될 거예요. 문제는 도메인 지식이에요. 누구나 다 가지고 있을 수는 없거든요. 계량 데이터를 판단할 수 있는 역량을 지속적으로 키워 나가는 노력이 필요해요. 한 개인의 입장에서는 큰 문제로 다가오지 않을 수 있겠지만, 이런 노력을 간과할 경우 사회 전체적인 모델 리스크가 다시 부각될 수 있어요. 퀀트 영역에 계신 분들은 이 점을 꼭 명심하시길 바라요.

PERSON 06

퀀트는
일관된 의사결정 과정이다

이민재 투자회사 퀀트운용역

PERSON 06
이민재 투자회사 퀀트운용역

자기소개 부탁합니다.

이민재입니다. 카이스트에서 금융공학을 전공한 다음 트레이딩 시스템을 개발하는 업무를 했어요. 싱가포르와 국내에서 헤지펀드, 그리고 로보어드바이저 회사를 다녔고요. 현재는 블록체인 회사를 창업해서 운영 중이에요. 마켓메이킹, 차익거래 전략과 FX 시스템 트레이딩[1]을 주로 사용합니다.

퀀트를 어떻게 처음 접했는지 알고 싶습니다.

19살에 주식 투자를 처음 시작했어요. 당시 국내 파생시장 규모가 굉장히 컸어요. 자연스럽게 시스템 트레이딩에 관심을 갖게 됐죠. 파생상품 트레이딩 시스템을 개발하는 회사에서 일하며 개발 역량을 키울 수 있었어요. 싱가포르에서 프랍 매니저로서 FX 트레이딩

---

[1] FX 시스템 트레이딩(FX system trading): 서로 다른 통화 현물환을 증거금으로 매매할 수 있는 상품 거래를 의미한다. 만기일 및 실물 인수도 없이 청산 후 차액만 정산하는 거래를 기반으로 하며 알고리즘을 통해 매매할 경우 FX 시스템 트레이딩이 성립된다.

을 접했고, 이후 이기봉 대표님(9장 인터뷰이)과 함께 일하면서 주식형 퀀트 매니저로 성장했죠. 주식 투자에 처음 관심을 가질 때 특별한 계기는 없었어요. 19살부터 대학 생활을 하다 보니 용돈을 어떻게 재테크할지 고민하게 된 것 같아요. 또 부모님의 주식을 제가 관리하면서 자연스럽게 흥미를 갖게 됐어요.

주식뿐 아니라 FX 분야도 경험했는데요. 퀀트를 어떻게 정의할지 궁금합니다.

퀀트의 스펙트럼이 워낙 넓어요. 투자자 입장에서 일관된 의사결정 프로세스가 존재하면 모두 퀀트라고 봐요. 반드시 그 과정을 계량화할 수 없을지라도 자신만의 시스템이 존재할 수 있어요. 반복적으로 시스템을 사용해 투자한다면 설령 정성적인 분석을 한다고 하더라도 퀀트의 영역이라고 생각해요.

제가 현재 하고 있는 FX 시스템 트레이딩 업무도 마찬가지예요. 예를 들어 볼게요. 미국 달러화와 유럽 유로화는 역의 관계로 움직이는 경향이 있어요. 통계 기법을 사용해서 그 패턴을 찾아내고, 거래 시장에 참여하기 위한 시기도 머신러닝을 사용해서 찾아내는 식이죠. 분석하기 위한 시스템이 일관돼요. 이런 과정을 통틀어서 퀀트라고 부를 수 있습니다.

보통 정량적인 분석을 퀀트와 동일하게 보는데, 정성적인 부분은 퀀트에서 어떤 역할을 하나요?

분석의 영역에서는 정량 분석과 정성 분석을 나눠 사용할 수 있어요. 다만 투자 의사결정을 위한 과정이 체계화되어 있고 일관된다면 퀀트라고 볼 수 있어요. 예전에 들었던 한 일화가 있어요. 월스트리트의 한 매니저가 투자할 때 장인어른 의견의 반대로만 투자했더니 성과가 좋았다고 하더라고요. 장인어른이 체계적인 분석을 했을 리는 없고, 소문이나 뉴스를 통해 특정 주식에 대한 이야기를 들었을 테니 그 매니저는 끝물이라고 판단한 거예요. 하나의 시장 신호로 받아들여서 투자한 거죠. 장인어른과 나누는 대화를 계량화하기는 어렵지만 일관된 프로세스를 거쳐 의사결정을 했다고는 볼 수 있어요. 그래서 저는 얼마큼 통계 기법을 사용하고, 얼마큼 정성적인 분석을 개입시켜야 퀀트 분석이라 부를 수 있다고 생각하지는 않아요.

아무래도 우리나라가 아닌 미국 등 금융 선진 시장에서 퀀트가 태동했으니 국내의 퀀트와 다른 점이 있을 것 같습니다.

> 국내 퀀트는 펀더멘탈 분석이 주를 이루는 반면, 기술적 분석을 논외의 영역으로 보는 경향이 있어요. 해외는 전혀 그렇지 않아요. 기관이나 개인 모두 기술적 분석이 퀀트의 중요한 부분을 차지해요. 이 점이 가장 큰 차이죠.

앞으로 퀀트 분야는 어떤 방향으로 발전할까요?

> 퀀트 투자는 이미 전 세계적으로 보편화된 개념이에요. 국내에서도 영향력이 커질 수밖에 없다고 봐요. 개인 투자자 입장에서도 퀀트 펀드나 로보어드바이저 서비스를 저렴한 수수료로 접근할 수 있게 됐잖아요. 또 대부분 산업 분야에서 인원 및 비용을 감축하고 있고 금융도 그 영향에서 자유로울 수 없기 때문에, 앞으로 더욱 영향력을 넓혀 갈 거라 생각해요.

일반 개인 투자자는 주로 펀드 등 간접 투자로 퀀트를 접하고 있지만, 직접 퀀트 기법을 사용할 수도 있겠죠. 일반인도 퀀트를 사용해 유효한 결과를 얻을 수 있을지 궁금합니다.

> 앞서 언급했듯 반복적인 의사결정 과정이 퀀트라고

생각하기 때문에, 일반인도 퀀트를 사용해야 한다고 생각해요. 돈을 버는 것은 상당 부분 운에 좌우된다고 봐요. 어떤 모델을 만들든 해당 투자 모델과 적합한 시장 상황이 전개되어야 돈을 벌 수 있어요. 사람이 통제할 수 없는 부분이죠. 다만 퀀트를 사용해 계량적인 접근을 하면 성공 확률을 조금 높일 수 있어요. 개인 투자자도 확률을 높이려면 퀀트를 사용해야죠.

여러 분야에서 사용했던 퀀트 기법을 소개해 주세요.

개인 투자자와 기관 투자자의 접근 방식이 달라요. 게임의 룰이 다르기 때문에 개인 투자자가 할 수 있는 영역이 별도로 존재해요. 개인 투자자는 투자 기간도 길고, 손해가 발생하더라도 버틸 수 있는 특성을 가지고 있다 보니 펀더멘털 데이터 위주의 팩터 분석을 사용할 수 있어요. 해외에서는 기술적 분석을 활용한 시스템 트레이딩이 굉장히 활성화되어 있습니다.

국내 기관 투자 영역에서는 기술적 분석을 폄훼하는 경향이 있어서 시스템 트레이딩이 많지는 않아요. 물론 증권사는 자기 자본 거래 수수료에 장점이 있기 때문에, 프랍 부서에서 시스템 트레이딩을 꽤 하고 있고요. 해외 증권사의 거래 규모가 단연 큽니다.

제가 현재 활용하는 퀀트 기법은 중소 거래소에서 수행하는 마켓메이킹이에요. 암호화폐 거래소가 워낙 많기 때문에 차익거래도 가능하고요. FX 거래도 많이 합니다. 상품화폐[2]는 거래 상품과 동행하는 경향이 있기 때문에, 상관관계를 분석해서 투자하는 식이죠.

이야기를 나누다 보니 궁금증이 하나 생기네요. 왜 국내 금융권에서는 기술적 분석을 폄훼하는 분위기가 조성됐을까요?

국내 시장에 잘 적용되지 않는다는 점이 가장 큰 이유예요. 서브프라임 사태 이전을 돌이켜보면 재야의 고수들이 시스템 트레이딩을 사용해서 돈을 많이 벌었어요. 사태 이후 시장 거래 규모와 변동성이 줄어들면서 기술적 분석을 사용해서는 수익을 내기 어려워졌죠. 특히 시가총액이 작은 종목의 경우 트레이딩보다 매크로 변수 등에 더 크게 좌우되기 때문에 기술적 알

---

2 상품화폐(Commodity currency): 금이나 은과 같은 원자재 기반 화폐를 의미한다. 현재 주로 사용하는 지폐 같은 명목화폐(Nominal currency)와 달리 상품 또는 원자재의 내재적 가치를 지닌다.

파를 찾기 어려워요. 저도 국내 시장이 아닌 해외 시장에서 시스템 트레이딩 기법을 사용하고 있거든요.

현재 국내 현물 시장은 거래세로 고빈도 매매(HFT)가 활발하지 않은 반면, 파생상품 시장에서는 많이 사용됩니다. 국내 시장에서 HFT가 어떤 모습으로 발전할지 의견을 듣고 싶습니다.

맞아요. 주식 현물 시장에 존재하는 거래세가 가장 큰 장벽이고 거래소가 하나밖에 없다는 점도 중요해요. 파생 시장으로 넘어가더라도 앞서 말씀드린 바와 같이 금융 위기 이후 거래 규모와 변동성이 줄면서 외국인 투자자도 빠져나갔어요. 변동성이 있다면 어떻게든 시도해 볼 만한데 그마저도 안 된 거죠. 제가 싱가포르에 있었을 때 한국에 있던 시스템 트레이딩 업체가 싱가포르로 많이 넘어왔어요. 결국 증권사 자기 계정이나 소수의 외국 기관 투자자 외에는 고빈도 매매가 이루어지지 않는다고 보면 돼요. 향후 모습을 예측하기는 어렵지만 대체 거래소가 생긴다면 달라질 수 있어요. 복수의 거래소가 생긴다면 차익거래를 할 수 있으니까요. 또 거래세를 줄여 나가는 추세이니 미래에는 HTF가 적용될 여지가 있다고 봐요.

HFT와 같이 고도의 기술을 요하는 시장이 개방될 경우, 해외 투자 기관이 국내 시장을 선점할 것이라는 의견도 있습니다.

> 나쁘게 생각하지는 않아요. 국내 금융 시장 발전을 위해서라도 필요합니다. 국내 헤지펀드 전략과 외국 헤지펀드 전략을 비교해 보면 터무니없어요. 국내 헤지펀드가 사용하는 롱숏 전략을 보면 헤지펀드라고 말하기도 민망할 정도예요. 국내 금융 시장이 폐쇄적인 탓도 있고요. 외환법 때문이에요. 우리나라는 외환 유출입을 철저하게 관리하는 국가이기 때문에 제약이 있죠. 우리나라에서 번 돈을 해외로 가지고 나가기 어려워서 국내 시장에 진출하지 않는 경우도 있고요. 그럼에도 금융 시장의 전문성, 유동성을 고려해 보면 개방하는 것이 맞다고 봅니다. 물론 개방 초기에는 그들이 많은 돈을 벌어가겠지만, 결국 국내 투자자가 고도화된 기법들을 배우게 될 거예요.

주로 활동했던 싱가포르가 아시아 금융 허브 역할을 맡게 된 것도 선진 금융 시장의 기관들에게 시장을 개방하고 그들과 경쟁하면서 이룬 결과로 볼 수 있겠네요.

> 그렇죠. 물론 싱가포르나 홍콩이 우리나라와는 여러

면에서 다르기 때문에 그들의 모델을 그대로 따라 할 수는 없어요. 예를 들어 볼게요. 홍콩에서 활동하는 헤지펀드들은 홍콩에 설립된 법인이 아니라 케이맨 제도[3] 같은 조세피난처에 설립된 기업들이 많아요. 이들이 영업을 지속하기 위해서는 회계 감사가 진행되어야 하는데, 홍콩 금융 당국은 국외에 설립된 기업일지라도 쉽게 감사가 진행되도록 지원을 해 줍니다. 오히려 감사하는 업무를 홍콩 안에서 진행함으로써 해당 산업을 살리고 있죠. 워낙 인구수와 경제 규모가 작기 때문에 이런 방식으로 여러 서비스를 유치하기만 해도 경제가 원활하게 돌아갈 수 있어요. 한국 정도의 경제 규모만 돼도 이런 방식을 적용하기 어렵죠.

퀀트의 유효성에 관한 질문입니다. 과거의 데이터를 토대로 분석하는 분야다 보니, 미래에도 해당 패턴이 그대로 지속될 것인지 의문을 품게 되죠.

과거 데이터를 사용하면 수익을 낼 수 있는 전략을 무수히 만들어 낼 수 있어요. 다만 전략의 구조적 특성을

---

[3] 케이맨 제도(Cayman Island): 카리브해에 있는 영국 영토다. 조세피난처로 유명하여 많은 자산 운용 회사, 특수 목적 회사(SPC)가 케이맨 제도를 기반으로 설립되어 있다.

분석하거나 통계적 기법을 사용해서 유효한 인사이트를 찾아내야 합니다. 퀀트의 가장 중요한 부분이에요. 요즘에는 개인 투자자도 퀀트 기법을 손쉽게 사용하기 때문에, 본인이 작업한 분석 결과물을 SNS에 공유하잖아요. 저는 결과물 대부분이 인사이트를 찾기 위한 고민 없이 도출되었다고 생각해요. 만약 데이터만으로 수익을 낼 수 있다면 많은 데이터 분석가가 돈을 벌고 있겠죠. 하지만 그 과정에는 구조적인 금융 분석을 위한 노력이 없거든요. 일부 데이터 분석 능력이 필요하지만 결국 금융 지식이 핵심이에요. 시스템 트레이딩의 대가들도 프로그래밍과 데이터 분석 영역을 사용해서 시스템을 구축하지만, 최종 의사결정은 금융에 대한 본인만의 노하우 또는 경험으로 결정해요. 과거 데이터를 사용한다는 점은 모두 동일하지만 금융 노하우를 보유하고 있느냐가 결정적인 부분이라고 생각합니다.

중요한 부분을 지적해 주셨네요. 다만 공부로 쌓을 수 있는 '지식'과 여러 시도를 통해 얻은 '경험'은 중요도에 차이가 있을 것 같습니다.

경험이 더 중요해요. 아까 언급했듯 수익은 운이에요.

경험 없는 개인이 만든 모델도 운이 좋으면 수익을 낼 수 있죠. 하지만 그 확률을 높이려면 노하우가 필수적입니다.

퀀트 투자의 성공과 실패를 나누는 기준이 있을까요?

시장 상황에 상관없이 투자 원칙을 고수하는 것과 안정적인 수익률 모두 중요해요. 굳이 둘 중에 하나를 고르라면 전자가 더 중요합니다. 미래에도 지속적으로 투자를 해야 하잖아요. 시스템을 잘 지킬수록 수익을 낼 확률을 높일 수 있어요.

효율적시장가설(EMH)에 대한 의견도 궁금합니다. 학계와 현업, 현업 안에서도 분야마다 다른 관점을 가지고 있을 것 같아요.

효율적인 시장이 아니면 분석하는 의미가 없다고 생각해요. 무작위로 움직이면 도박과 다를 바가 없죠. 효율적 시장이 맞다고 생각해요. 물론 교과서에서 말하는 EMH에는 여러 가정이 전제되어 있겠죠. 실제로는 사람마다 받아들이는 정보 체계와 운용 스타일이 다르기 때문에, 현실에서 구현 가능한 범위 안에서 맞는 정도예요. 단기적으로 비정상(Anomaly)이 발생할 수 있고, 이를 포착하는 사람이 퀀트예요. 효율적으로 작동하는 시장이기 때문에 퀀트 분석을 하는 이유도 있다고 생각해요.

자산군별로 효율적 시장의 강도가 달라질 수 있겠네요.

시장에 참여하는 개인 투자자의 비중이 늘어날수록 효율에서 멀어져요. 딜러와 같은 전문 투자자 비중이 높을수록 정보의 격차가 작다 보니 시장이 효율적이죠. 가장 중요한 요인은 '시간'이라고 봐요. 장기로 갈수록 효율적이에요. 단기로는 구조적으로 가격 괴리가 발생하는 상황이 자주 생겨요. 이를 포착하는 영역이 시스템 트레이딩 분야 퀀트입니다.

암호화폐 트레이딩 시장의 고유한 특성도 있겠죠.

2007년만 해도 국내에 많은 시스템 트레이더가 있었는데, 주식 등 전통적인 자산의 제도적 한계 때문에 해외로 진출하기가 어려워서 많이 줄었어요. 시장의 규모가 작아졌죠. 암호화폐는 그렇지 않아요. 해외에서도 동일한 상품에 손쉽게 투자할 수 있어요. 전 세계 수많은 거래소에서 동일한 비트코인을 거래할 수 있는 거죠. 지금까지는 국내 시스템 트레이더의 활동 범위가 한정되어 있었다면, 암호화폐 시장을 통해 해외에서 활약할 기회가 많아졌어요.

오히려 암호화폐 시장에는 전통적 자산 영역보다 기법의 성숙도가 많이 뒤처져 있어요. 경험이 전무한 사람들도 참여하고 있고요. 제도권 금융사가 진입하는데 제한적이기 때문에 기법이 낙후되었죠. 하지만 이점이 기회가 되어서 암호화폐 트레이딩에 대한 노하우와 실력을 쌓는다면 국내 트레이더도 충분히 경쟁력을 가질 수 있다고 봅니다.

인공지능 기술이 금융 시장에도 활용되고 있습니다. 어떻게 기술을 접목하고 있는지, 그리고 어떤 한계점이 있는지 궁금합니다.

머신러닝 기술은 패턴을 찾아내는 것에 불과해요. 패턴이 있다면 컴퓨터가 인간보다 더 빠르게 많은 데이터를 분석할 수 있죠. 이미 예전부터 상용화된 머신러닝 도구를 적용하고 있었어요. 그런데 금융 시장에는 패턴보다 무작위 움직임이 훨씬 더 많다는 점이 중요해요. 아무리 발전된 딥러닝 기술을 가져와 봤자 패턴이 없기 때문에 무의미하거든요. 분석 기간의 범위를 짧게 잡을수록 유효해집니다. 저도 단기적인 트레이딩 시점을 찾아낼 때 인공지능 기술을 일부 사용합니다. HFT 영역에서 주식 거래량을 분석하면 분명하게 패턴이 보이거든요.

몸담았던 퀀트 팀들은 어떻게 구성되어 있었나요?

3명에서 일했던 경우도 있고 2명이 일할 때도 있었어요. 저는 소규모 팀에서 일했던 경험이 대부분이에요. 물론 수십 명이 일하는 글로벌 헤지펀드도 있습니다. 머신러닝 분야에서 앙상블 모델[4]을 사용하는 목적과 비슷해요. 인력을 앙상블 모델처럼 사용하는 경우가 많죠. 똑똑한 퀀트들이 만든 각각의 모델을 결합하면 견고한 모델이 만들어지거든요.

국내 퀀트 팀과 글로벌 퀀트 팀이 규모에서 차이가 나는 이유는 시장 크기의 차이가 주요하겠네요.

---

4 앙상블 모델(Ensemble model): 머신러닝에서 여러 개의 모델을 학습시켜 그 모델들의 예측 결과들을 이용해 하나의 모델보다 더 나은 값을 예측하는 방법을 말한다.

맞아요. 국내 시장에서만 투자하면 알파를 찾기 어려운 이유도 있고요. 특히 국내 주식 시장에서 기술적 분석으로 수익을 내려는 시도는 무의미해요. 해외로 눈을 돌리면 투자할 수 있는 상품군이 급격하게 넓어지다 보니 팀 규모에서 차이가 발생합니다.

해외 기사를 읽다 보면 대형 금융사에서 공학 전공자를 선호한다는 소식을 접할 수 있습니다. 아직 상경 계열 출신이 대부분을 차지하는 국내 금융 업계에도 파장이 있을 것 같아요.

해외 시장은 HTF의 발전으로 프로그래밍이 중요해졌어요. 금융 지식보다 기술 싸움이거든요. 당연히 공학 박사 위주로 채용하죠. 국내 퀀트 분야는 다르다고 봐요. 문과 출신도 충분히 할 수 있는 수준의 데이터 분석 능력을 요구하거든요. 금융뿐 아니라 IT 기업 내에 있는 데이터 분석 직군을 봐도 문과 출신이 꽤 많아요. 프로그래밍을 학문적으로 접하지 않았더라도 데이터 분석을 위한 코딩 난이도는 충분히 학습해서 사용할 수 있는 수준이거든요. 전공에 상관없이 본인이 노력하면 충분히 퀀트 분야로 진출할 수 있다고 생각합니다.

퀀트가 되기 위해 갖춰야 할 마인드셋이 있다면 무엇일까요?

    국내 금융 시장은 결국 해외 시장을 따라가게 될 거예요. 해외 커뮤니티에 들어가서 해외 전문가들이 어떻게 활동하는지 보는 경험이 필요해요. 연구도 많이 해야 되고요. 해외에는 트레이더들이 모여서 이야기 나누고 함께 연구하는 커뮤니티가 여럿 있어요. 국내 시장에서 자신만의 장점을 발휘하며 업계를 이끌어 가는 계기가 될 수 있어요. 저도 이런 방법으로 많이 배웠고요.

도움이 될 만한 도서가 있다면 추천해 주세요.

    저는 책보다는 여러 해외 커뮤니티를 보며 정보를 습득하는 타입인데(웃음). 대학생 때 재미있게 봤던 책은 <천재들의 실패(When Genius Failed: The Rise and Fall of Long-Term Capital Management)>예요. LTCM 사태와 관련된 책입니다. 이 책을 읽으면서 금융 공학에 관심을 가지게 됐어요. 제시 리버모어(Jesse Livermore)의 책이나 잭 슈웨거(Jack D. Schwager)의 <시장의 마법사들: 세계 최고의 트레이더들과 나눈 대화(Market Wizards)>도 읽었어요. 투자 아이디어나 영감을 많이 얻었죠.

금융업이 돈을 다루는 영역이다 보니 어떤 직업 윤리를 갖고 있는지도 중요하겠죠.

현업에 계신 분들과 이야기 나누다 보면 직업윤리가 정말 중요하다는 생각을 해요. 2017년 하반기에 암호화폐 차익거래와 시스템 트레이딩 업무를 잠시 접었던 적이 있어요. 국내에 신규 거래소가 생기기 시작하면서 경쟁이 심화되던 시기였거든요. 당시 행태를 보면 사설 도박장과 다를 바가 없었어요. 그때 허탈함을 느껴 다 접었죠. 직업윤리가 적용되는 부분이에요. 애초에 다른 투자자들과 다른 불공정한 위치에서 투자하지 않는 것이 저 나름의 투자 원칙이에요. 현업에 있다 보면 분명 비윤리적인 기회를 포착하는 경우가 있어요. 투자 업계에 진입할 때부터 이에 대한 고민을 하고 직업윤리를 정립하는 것이 장기적으로 활동할 수 있는 근간이라고 봅니다.

마지막으로 퀀트 분야로 취업을 고민하거나 퀀트 기법을 사용해 투자하기를 원하는 여러 시장 참여자에게 당부하고 싶은 메시지가 있다면 말씀해 주세요.

해외 시장에서는 이미 퀀트가 대중화되었고, 국내 시장도 퀀트의 비중이 점차 커질 거예요. 이 기회를 적극적으로 활용하면 좋겠어요. 느낌을 따라 무분별하게 투자하기보다 시스템을 갖추고서 일관된 투자를 한다면 수익을 낼 확률을 높일 수 있습니다. 데이터 분석 도구도 개방되어 있기 때문에 조금만 관심을 가지면 어렵지 않게 이용할 수 있고요.

과거에는 정성적인 분석이 더 중요했습니다. 정보의 격차가 있었거든요. 애널리스트가 기업 탐방을 해서 얻는 정보나 암암리에 만연했던 내부자 정보가 존재했죠. 금융 시장이 선진화되면 그런 정보들은 사라지게 되고 퀀트 분석이 장점을 발휘하게 돼요. 데이터 분석 등 본인만의 역량을 쌓아서 도전하면 충분히 가능성 있는 분야라고 생각합니다.

PERSON 07

퀀트는 임의성을 배제한다

김대환 경제학 교수

PERSON 07
김대환 경제학 교수

자기소개 부탁합니다.

    김대환입니다. 대학에서 경제학을 전공하고 경제학 박사 학위를 받았습니다. 직장을 몇 군데 다녔어요. 미국에 있는 증권사에서 1년 정도 짧게 일하고 한국에 와서 신문사에서 일한 경험이 있습니다. 불가리아 대학교에서 몇 년 머물다가 독일 자산운용사에서 3년 일했습니다. 그 이후에는 줄곧 건국대 경제학과에서 경제학 강의를 하고 있습니다.

여러 커리어를 거치셨네요. 퀀트를 처음 접했던 시기가 궁금합니다.

    전공이 경제학이다 보니 퀀트는 전혀 모르던 분야였어요. 대학원에서 계량경제학을 금융 분야에 적용하는 방법에 대해 연구하고 공부했는데 지금 보면 당시의 연구를 퀀트라고 부르기에는 어긋난 부분이 있어요. 첫 직장이었던 증권사에서 했던 업무가 퀀트와 가까웠다고 봐요.

셀 사이드에서 정의하는 퀀트에 대해 먼저 질문해야겠네요.

연구팀이 큰 규모는 아니었어요. 우리 연구팀이 스스로 퀀트라고 생각했던 이유는 인위적 의사결정을 최대한 배제한 분석을 수행했기 때문이에요. 임의성을 배제한 채 분석하다 보면 수식과 데이터만 남게 돼요. 데이터 활용 중심이라는 점에서 퀀트라고 규정했죠.

당시 여러 포트폴리오를 만들어서 웹사이트에 올렸어요. 100여 개 포트폴리오를 펼쳐 놓으면 고객들이 방문해서 마음에 드는 포트폴리오를 골라 바로 트레이딩할 수 있도록 하는 방법을 활용했죠. 포트폴리오를 구성할 때, 퀀트 방식으로 하지 않고 애널리스트가 특정 회사를 깊게 연구하는 전통적인 방식으로 접근했다면 힘들었을 거예요. 비교적 단순한 모형에 수천 개의 주식 정보 등 잔뜩 모은 데이터를 분석한 다음 특정 유형의 투자자에게 알맞은 전략을 제시했어요. 팀의 규모만 봐도 퀀트 여부를 알 수 있었죠. 비교적 적은 수의 팀원이 많은 양의 데이터를 수식으로 분석해서 포트폴리오를 만들면 퀀트라고 볼 수 있죠.

자산운용사와 같은 바이 사이드에서 적용되는 퀀트는 과정이 또 다른가요?

제가 있던 셀 사이드에서는 직접 포트폴리오를 만들었다는 점에서 바이 사이드 퀀트와 비슷해요. 차이점이라면 '어떤 분석 과정을 조심해야 하는가'였어요. 셀 사이드에서는 포트폴리오를 제안하기는 했지만 자기 고객의 자본이 들어가지 않기 때문에 부담이 적었어요. 포트폴리오의 개수도 한두 개가 아니라 100개를 뿌려 놨기 때문에 그중에 몇 개가 이상해도 큰 부담이 없었죠.

바이 사이드에서는 제안뿐 아니라 실제로 매수해야 하니 한두 개 포트폴리오에 집중했어요. 프로세스 드리븐(Process-driven) 방식이기는 하지만 인력이 조금 더 소모돼요. 매수하기 직전까지 '정말 이 주식을 매수해도 되나', '새롭게 등장한 관련 종목 뉴스가 있나', '현재 시장 상황에서 이 전략을 지속하는 것이 옳은가'를 확인할 수밖에 없어요. 임의성을 최소화하는 것이 퀀트지만 셀 사이드와 바이 사이드를 보면 임의성이 포함되는 정도에서 차이가 나요. 셀 사이드에서는 임의성을 거의 배제하고 운영하는 것이 가능한 반면 바이 사이드에서 임의성을 아예 배제하는 경우는 없어요.

흔히 생각하듯 바이 사이드에서 데이터만으로 포트폴리오를 운용하기 어렵다는 의미군요.

그렇습니다. 퀀트 분석 결과로 특정 종목이 도출됐다고 하더라도 주위에서 해당 종목이 망할 거라고 주장하면 실제로 매수하기는 어렵겠죠. 말 그대로 숫자로만 펀드를 운용할 수 있다면 펀드 매니저에게 큰 보상을 줄 동기도 없어지겠죠. 회사가 소프트웨어만 사서 돌리면 되지 누가 매니저에게 월급을 주겠어요.

퀀트의 일반적인 개념을 토대로 보면 정량적인 분석과 정성적인 분석의 비중을 어떻게 나눠 볼 수 있을까요?

정량적인 분석과 정성적인 분석의 비중을 숫자로 이야기하기 쉽지 않겠지만 매니저마다 정도의 차이가 있어요. 주 의사결정을 퀀트 모형이 한다는 점에서는 모두 동일해도 마지막 매수 시점에 다다라서 어느 정도 결정을 바꾸는지에 따라 다르겠죠. 모형이 결정한 포트폴리오 가중치를 일부 조정하는데 그 규모를 10~20% 이상 바꾸지는 않았던 것 같아요.

위 견해를 통틀어 보면 퀀트를 뭐라고 정의 내릴 수 있을까요?

간단하게 말하자면, 데이터와 데이터에 대한 계량적인 분석을 바탕으로 한 의사결정이 주를 이루는 투자 방식입니다.

<Quantitative Equity Portfolio Management: An Active Approach to Portfolio Construction and Management>도 직접 저술하셨죠.

퀀트 방식에 따라 주식 포트폴리오를 어떻게 구성하는지 방법을 설명한 책이에요. 제가 책을 쓰기 이전에 리처드 그리놀드(Richard Grinold)와 로날드 칸(Ronald Kahn)이 쓴 <Active Portfolio Management: A Quantitative Approach for Producing Superior Returns and Controlling Risk>라는 유명한 책이 있었어요. 퀀트 업계에서는 성경처럼 읽히는 책이에요. 저와 공저자가 그 책을 읽으며 느낀 점은 '너무 어렵다'였어요. 추상적으로 쓰여 있어서 책을 보고서 실제 투자 포트폴리오와 프로그램을 만드는 일은 거의 불가능에 가까웠어요. 매뉴얼처럼 펴 놓고 따라 하면 포트폴리오와 프로그램을 짤 수 있는 책이 있으면 좋겠다는 생각에서 집필했어요.

자세한 내용을 담았다는 점에서 비교적 성공했다고 보는데, 지금 와서 생각해 보면 너무 팩터 모형에 치우치지 않았나 하는 생각이 들어요. 처음 취지가 팩터 모형만 이야기하는 것은 아니었는데 당시 제가 주로 사용하던 방식이 팩터 모형이다 보니. 차라리 책 제목을 '팩터 모형'으로 할 걸 그랬나 싶기도 해요(웃음). 팩터 모형을 중요하게 여기지 않는 분들이 읽으면 '제목은 다르게 짓고서 팩터 모형 위주냐'라는 불만이 있을 수 있겠다는 생각이 드네요.

퀀트 방법론의 계층구조를 살펴본다면 팩터 모델 이외에 어떤 분석 기법이 존재하나요?

포트폴리오 구성이 주 목적인지 아닌지에 따라 나뉘어요. 포트폴리오를 구성하지 않는 기법도 있거든요. 특히 셀 사이드 분야에서 그렇죠. 바이 사이드에서 포트폴리오를 구성하기 위한 목적으로 사용하는 기법들을 생각해 볼게요. 팩터 모형이 가장 주요한 기법이지만 팩터 모형 같은 회귀분석을 사용하지 않는 방법도 있어요. 스크리닝을 하거나 랭킹을 매기는 식이죠. 물론 팩터 모형이 아닌 회귀 모형 방식도 있고요.

고빈도 매매 분야에서는 또 다른 차원의 분석이 이루어지죠. 지정가주문장부[1]를 열심히 분석해서 매수와 매도 의사결정을 하는 식으로요. 이런 분석은 포트폴리오 체계보다는 개별 종목에 대한 의사결정 시점을 결정하는 데 중점을 두죠. 이렇게 나열해 보면 팩터 모형은 일부분이죠.

일반 개인 투자자가 활용할 수 있는 방법이 있을까요?

어떤 목적인지에 따라 달라져요. 직접 프로그래밍을 할지, 아니면 다른 사람이 만든 소프트웨어를 사용할지에 따라 스펙트럼이 존재할 것 같아요. 일반인 입장에서 가장 쉽게 활용할 수 있는 퀀트는 금융 회사에서 만든 퀀트 ETF를 매수하는 방법이에요. 매우 제한적인 이해만으로도 퀀트를 활용할 수 있죠.

본인이 스스로 분석을 해서 퀀트를 사용하고 싶다면 이미 만들어진 소프트웨어를 사용하는 방법이 있는데 너무 비싸요. 클라리파이(ClariFi®) 같은 프로그램은

---

[1] 지정가주문장부(Limit order book): 현재 거래소에서 특정 가격으로 매수 또는 매도 거래를 원하는 여러 지정가주문을 기록한 장부다.

자본이 어지간히 크지 않은 이상 개인이 구매하기는 현실적으로 힘들어요. 연간 사용료만 따져 봐도 투자 수익으로 만회하기가 쉽지 않거든요(웃음).

전문가는 아니지만 컴퓨터 프로그래밍을 잘하고 좋아하는 사람이 시도하는 방법 정도가 남아 있겠네요. 공짜 데이터를 열심히 모아서 본인이 알고 있는 통계적 기법을 활용해서 분석하는 형태일 텐데요. 다만 팩터 모형을 혼자 만들 수 있을 정도의 지식이 있어야 해요. 자본이 많지도 않고 통계 지식이 뛰어나지도 않고 투자에 대한 지식도 제한적인 개인 투자자가 직접 사용할 수 있는 퀀트 기법은 사실상 없다고 봐도 무방합니다.

클라리파이와 비슷한 소프트웨어를 만들어서 값을 낮춰 일반인들에게 팔겠다는 사람들이 주변에 꽤 있었어요. 같이 회사를 만들어보자는 이야기가 지난 10년 동안 몇 번 있었는데 결국 값을 낮추기 쉽지 않다는 결론을 내렸죠. 회사도 비싼 데이터를 사 와야 하니까요. 파는 것도 쉽지 않고요(웃음). 미래 어느 시점에는 클라리파이가 일반 고객을 상대로 비즈니스 모형을 바꿀 수 있겠지만 지금은 어려워요. 데이터 획득 가격이

뚝 떨어지고 프로그램이 일반인도 사용하기 쉬운 인터페이스로 바뀐다면 퀀트 투자 분석도 못할 것 없다고 봐요.

직접 경험했던 미국, 유럽 등 금융 선진 시장의 퀀트와 국내 퀀트 사이에 어떤 차이가 있는지 궁금합니다.

한국은 아무래도 시장 규모가 작은 편이에요. 금융 분야의 업무 분화가 덜 일어난 편이죠. 이런 상황이다 보니 누가 퀀트인지 구별하는 기준이 해외 시장만큼 분명하지 않아요. 물론 미국이라고 해서 정확하게 구별되는 것은 아니지만 상대적으로 그렇다고 볼 수 있죠. 시장 초기여서 나타나는 현상이라고 생각해요.

영세 기업이 많다는 점도 하나의 특징이에요. 유럽에 있을 때를 생각해 보면 프랑크푸르트에 있는 퀀트 회사들은 비교적 작은 회사들이어서 스스로 부티크[2]라고 불렀어요. 사실 그렇게 작은 규모도 아니었거든요.

---

2 부티크(Boutique): 대형 종합사와 자문사 등에서 특정 영역에 대한 전문성을 확보한 뒤, 소규모 인원이 팀을 이뤄 여러 투자 전략으로 고부가가치를 추구하는 소형 운용사를 말한다.

프랑크푸르트에 있는 부티크 규모와 서울에 있는 부티크 규모는 비교가 안 돼요. 서울에서 부티크라고 부를 수 있는 회사가 유럽에 가면 개인 투자자로 분류될 거예요. 자산 운용업이라고 하면 다른 사람의 자본을 가져와서 운용해야 하는데 한국에서는 자기 자본만으로 운용하는 회사가 꽤 있어요. 규모가 작은 퀀트 회사가 많죠.

국내에서 스스로 퀀트 전문가라고 말하는 분들을 만나도 의심의 눈초리를 가지고 보게 되죠(웃음). 프랑크푸르트나 홍콩, 뉴욕에 있는 부티크를 만나면 대충 어떤 형태로 운용하겠구나 하고 상상이 되거든요. 한국에서는 퀀트라고 불리는 소규모 자산운용사가 정확히 어떻게 운용하는지 잘 모르겠어요. 제가 업계와 떨어져 있어서 모르는 걸 수도 있어요.

경제를 연구하는 입장이다 보니, 바텀업 분석보다 매크로 변수 위주의 탑다운 분석을 선호할 것 같습니다.

경제학적 팩터를 주로 사용하는지에 대한 질문으로 이해하고 답을 드릴게요. 어느 정도 컨센서스가 있어요. 거시 요인으로는 힘들다는 것이 결론이에요(웃음). 회사에 있을 때도 이에 대해 팀원들과 이야기를 많이 했어요. 업종 구별이 중요한지 스타일이 중요한지 말이죠. 한쪽에서는 업종을 나눠서 분석하는 모형을 유용하다고 하고, 다른 팀에서는 밸류와 같은 스타일 요인이 중요하다고 했죠. 업종, 국가 등을 구별하는 것은 큰 도움이 되지 않는다는 결론이 학계의 오래된 의견이에요. GDP, 인플레이션 등 매크로 요인을 사용해 분석해 봐도 성과가 좋지 않아요.

그렇다면 바텀업 방식이 유효하다고 이해할 수 있을까요?

그건 또 다른 이야기예요. 모형을 만들 때 거시 팩터와 시장 팩터 중 어떤 요인을 사용해서 모형을 만들지 의사결정할 때 후자를 선택한다는 의미였어요. 바텀업과 탑다운 접근 방식의 차이와는 결이 다른 이야기죠. 제가 설명하는 팩터 모형은 탑다운에 가까워요.

바텀업 방식도 팩터 모형을 사용할 수 있지만 어려워요. 현업에서 사용하는 경우가 있기는 해요. 바텀업으로 시작해서 팩터 모형이나 리스크 모형을 가장 마지막에 적용하는 식이죠. 다만 어려운 방식이에요. 이 또한 오래된 논의 중 하나죠. 알파 모형과 리스크 모형을 나눠 봤을 때 알파 모형으로 모든 전략을 정의하면 리스크 모형으로는 뭘 하겠다는 것인지 불분명할 수 있거든요. 알파 모형으로 포트폴리오를 구성했는데 리스크를 낮추면 어떻게 될지 불확실해지죠. 그래서 알파 모형을 다루는 매니저와 리스크 모형을 다루는 매니저가 협업하는 경우 재밌는 현상이 나타나요. 역할 분담이 불분명하거든요. 알파 모형으로 종목을 고르고 리스크 모형으로 가중치를 조절하는 것이 본래 아이디어인 듯한데, 사실 종목을 고르는 것과 가중치를 조절하는 것이 다른 일이 아니거든요. 같은 작업을 두 갈래로 나눠서 하다 보면 결국 충돌이 발생하겠죠? 기관의 특성에 따라 달라지긴 하겠지만 보통 알파 모형을 다루는 분들의 목소리가 더 커요(웃음). 둘 사이에서 일어나는 갈등은 규모가 큰 기관의 전형적인 양상입니다.

교수님이 주로 다루는 팩터 모형으로 논의를 한정해 보겠습니다. 업종의 주기성, 특정 이벤트 등 시간과 사건의 흐름에 따라 모델을 유연하게 변경하는 편인가요?

가장 바람직한 것은 시장 환경에 영향을 받지 않은 채 동일한 모형을 사용해서 오랫동안 사용하는 형태라고 생각해요. 중간에 모형을 바꾸다 보면 임의성이 개입

될 수 있거든요. 퀀트가 아닌 일반적인 투자 방법에 대한 비판 중 하나가 임의성이 많이 들어가면 사람들이 감정에 치우친 의사결정을 하게 되고, 감정에 치우친 의사결정을 하면 수익률이 낮아진다는 점이죠. 모형을 중간에 계속 바꾸면 비슷한 현상이 일어날 수 있어요. 바꾸지 않는 편이 바람직하지만 시장 상황이 좋거나 나쁘거나 모형이 계속 비슷한 성과를 내야 한다는 전제가 필요해요. 현실에서는 어렵죠(웃음).

왜 그런지 생각해 보면 이해가 안 되는 것도 아니에요. 모멘텀 아이디어를 반영하는 모형이 많거든요. 시장이 좋을 때는 모멘텀 수익률도 높고 나쁠 때는 수익률도 낮아지다 보니, 퀀트 모형이라고 해도 모멘텀이 절반 정도 비중을 차지하고 있으면 시장에 따라 모형의 수익률이 달라지는 양상은 피하기 어려워요. 시장 상황이 악화되면 '모형을 바꿔야 하는 거 아냐?' 하고 고민하게 되죠. 그렇게 모형을 바꾸다 보면 가격이 높을 때 사고 낮을 때 팔게 되는 상황이 발생해요. 모멘텀 요소는 조심해서 다뤄야 합니다. 믿을 만한 모형을 사용하는 것이 좋겠죠. 현재 시장 상황이 어떠해서 특정 모형의 수익률이 좋을 것 같다고 선택하는 방법은 좋지 않다고 봐요. 성과가 잘 나오지 않는다면 애초 설정한 아이디어에 의문을 제기해야지 실시간으로 모형을 바꾸는 건 적절하지 않아요.

퀀트의 유효성에 대한 의문도 존재합니다. 과거 데이터를 사용해 분석하면 미래에도 해당 전략이 동일하게 작동하지 않을 확률이 높지 않겠냐는 거죠.

과거 데이터에서 어떤 방식으로 정보를 추출해 내는지에 따라 답이 달라질 것 같아요. 지난 10년 동안 가장 높은 수익률을 만들어 낸 기업 특성이 무엇인지 찾아낸다고 해도 이 전략이 앞으로의 10년 동안 동일하게 효과가 있을 것이라고 저도 생각하지 않거든요. 전형적인 데이터 마이닝 방법이죠. 이런 식으로 데이터를 분석하면 과거 데이터가 미래 실적에 대한 좋은 지표가 아니라는 비판이 적용될 수 있어요. 과거 지표가 바람직하게 활용되려면 우선 그럴듯한 아이디어가 존재해야 돼요. 데이터로 아이디어를 확인해 보는 과정 자체가 큰 도움이 된다고 생각해요.

먼저 두 가지를 구분해야 돼요. 전산 분야에서는 데이터 마이닝이 긍정적인 용어로 사용되지만, 경제학 분야에서는 데이터 마이닝이라는 용어를 부정적인 의미로 사용해요. 아무 생각 없이 데이터를 막 뒤져서 찾아낸 결과를 잘못 해석한다는 뜻이죠. 이런 의미의 데이터 마이닝을 피해야 돼요. 가설을 설립하고 해당 가설을 확인하기 위해 데이터를 사용하는 것이 적절한 활용 방법이라 할 수 있어요. 가설 없이 데이터에서 아이디어를 찾은 건 좋은 전략이 아니라고 봐요.

우리나라에서 퀀트 시장은 패시브 펀드 위주의 자금으로 구성되어 있습니다. 자연스레 효율적시장가설(EMH)에 대한 실증적인 증거라는 주장도 있고 동시에 반대의 논점도 존재합니다.

EMH가 맞다고 생각해요. 시장은 효율적이지만 이론에서 말하는 것처럼 완벽한 건 아니어서 아주 작은 비효율성이 존재하죠. 그 비효율성에서 비교적 높은 수익을 얻을 기회가 존재하지만 아무나 덤벼들어서 얻을 수 있을 정도로 시장이 허술하지는 않아요. 비효율성을 활용해 수익을 발견하는 행위를 부정할 정도로 효율적이지는 않지만 상당히 효율적이라고 봐요. 인덱스에 투자하는 것은 EMH에 부합하는데, 인덱스를 만드는 데는 물론 퀀트가 많이 활용됩니다. 인덱스도 인덱스 나름이지만. 시장이 충분히 효율적임에도 퀀트가 존재해야 하는 이유가 있어요.

그렇다고 액티브 투자가 없어져야 한다고 생각하지는 않아요. 액티브 운용의 영역이 분명 존재하죠. 다만 엄청 크다고 생각하지는 않습니다. 개인 투자자가 참여해서 경쟁력을 가질 수 있는 분야는 아니라고 봐요. 자금과 기술을 충분히 보유한 전문가의 영역이라고 생각합니다.

퀀트 분야가 국내 금융 시장에 어떤 영향을 미치고 있는지도 궁금합니다.

한국 자산 시장이 지향해야 할 모습 중 하나는 직접투자[3]의 비중 감소예요. 직접투자 비중을 낮추고 간접투자[4] 비중을 높이는 방향이 국가 경제에도 바람직하다

---

3   직접투자(Direct investment): 투자자산의 운용에 따르는 위험을 투자자가 지는 상품이다. 상당한 투자 지식과 경험, 정보력, 시간 등이 필요한 투자로 주식투자가 대표적이다.

4   간접투자(Indirect investment): 투자자산의 운용에 따르는 위험을 금융 중개 기관이 지는 상품이다. 투자자로부터 자금을 모아 유가증권 등에 투자하는 행위를 말하며 펀드가 대표적이다.

고 생각하고요. 직접 투자하는 개인의 비중이 너무 높아서 시장이 투기적인 성격을 띠는 것 같아요. 이런 성향이 사라지고 전문가의 비중이 높아지면 선진 시장과 같이 발전할 것으로 봅니다.

간접투자라고 하면 자산운용사의 역할이 늘어나겠죠. 자산운용사 내부에서 퀀트를 사용하는 비중이 늘 것이라고 보고요. 액티브 투자를 수행하는 비중은 줄어들고 퀀트의 영향력은 늘어날 거예요. 물론 퀀트가 액티브뿐 아니라 지수형 ETF 운용도 많이 하다 보니 퀀트 영향력은 더욱 늘어날 수밖에 없어요.

부정적인 영향은 없다고 봐도 무방할까요?

퀀트를 제대로 모르는 사람이 사용하면 문제가 되겠죠(웃음). 퀀트뿐만 아니라 통계학의 회귀분석도 마찬가지예요. 엑셀 프로그램에 회귀분석 함수가 포함되어 있다 보니 통계 지식이 없는 사람들이 회귀분석을 오용하고 엉뚱한 이야기를 하는 경우가 많아요. 시험을 통과한 사람만 회귀분석을 할 수 있도록 해야 한다고 농담으로 이야기한 적도 있어요. 비슷한 현상이 퀀트 분야에서도 발생할 수 있겠죠. 데이터와 분석 도구를 손쉽게 구할 수 있다 보니, 준비가 안 되었는데 퀀트를 사용해서 잘못된 결과에 도달할 수 있어요. 하지만 아직 그런 상황은 아니라고 봐요.

팩터 모형 등 여러 퀀트 기법이 있을 텐데요.

팩터 모형은 여러 종목, 여러 자산의 움직임이 소수의 변수에 의해 설명이 가능하다는 전제하에 모형을 만드는 방법이에요. 설명해야 할 변수는 수백, 수천, 때로 수만 개가 되는데 이 모형은 3개, 4개, 5개 등 적은 수의 변수로 만들어 전체를 설명하죠. 일단 모형을 만들어 놓고 나면 굉장히 체계적인 분석을 진행할 수 있다는 게 장점이에요. 수익률의 분포처럼 좀 더 복잡한 개념을 다룰 수 있죠. 완결된 모형이에요. 모형이 만들어지면 해당 모형으로만 분석하면 돼요.

덜 완결된 방법을 사용하는 경우도 많아요. 스크리닝이나 랭킹이에요. 예를 들어 'CEO가 MBA 출신이면 수익률이 높다'라는 가설을 조건으로 설정하고 해당 조건에 포함된 기업들만 추려서 포트폴리오를 구성할 수 있어요. 하지만 완결된 방식이 아니기 때문에 중간중간 개인의 의견이 들어가요. 리스트를 만들고 나면 포트폴리오 가중치를 어떻게 배분해야 할지 답이 없거든요. 마음에 드는 기업에 더 많이 가중치를 줄 수도 있죠. 임의적인 의사결정의 비중이 높은 방법입니다.

인공지능 기술이 급격히 발전하면서 국내 여러 금융사도 딥러닝을 실무에 적용하려는 시도가 늘고 있죠. 딥러닝 기술이 퀀트 분야에 어떤 영향을 미칠지, 어떤 한계성을 가지고 있을지 궁금합니다.

저는 비관적인 의견이에요. 전통적인 통계분석 기법에서 딥러닝을 바라보면, 기존 모형에다 많은 수의 파라미터를 더해 놓은 모형으로 볼 수 있어요. 팩터 모형을 예로 들어 볼게요. 1천 개의 종목과 3개의 변수가 있다면 대략 3천 개의 매개변수[5]가 생성되는데, 딥러닝에서는 30만 개의 매개변수를 활용하는 더 일반적인 모형을 사용하는 방식으로 볼 수 있어요. 데이터 양은 같은데 매개변수 수가 많아지면 추정이 잘 안되거든요.

---

5   매개변수(Parameter): 수학과 통계학에서 어떤 시스템이나 함수의 특정한 성질을 나타내는 변수를 의미한다.

딥러닝이라는 패러다임 자체가 엄청난 도움이 될 것이라고 생각하지 않아요. 딥러닝의 기본이 되는 인공신경망에 대한 아이디어는 예전부터 금융권에 접목하려고 했었어요. 1980년대부터 시도했는데 결과가 별로였죠. 이후 관심이 식었다가 같은 아이디어가 용어만 바뀌어 계속 등장하는 형국이죠. 이런 측면에서 의심이 들어요.

차이가 있다면 패러다임보다 데이터의 양이라고 봐요. 데이터의 양이 크게 늘었어요. 양뿐 아니라 유형도 다양해지고 그 데이터를 쉽게 구할 수 있게 됐죠. 상황이 변하면서 예전에 안 됐던 분석이 현재에는 잘 될 수 있는 여지도 존재한다고 봐요. 다만 모형의 패러다임은 큰 차이가 없으니 딥러닝이 아닌 기존 모형을 데이터에 맞춰 개선해 나가도 의미 있는 결과가 나올 수 있다는 거죠. 의견이 많이 나뉘는 부분이에요. 딥러닝 기술의 효과를 매우 긍정적으로 보는 의견도 있습니다.

주식이나 채권 등 자산군별로 퀀트에 관한 연구를 진행해볼 수도 있겠네요. 주식이야 워낙 방대한 데이터를 보유하고 있고, 요즘에는 부동산이나 파생상품 시장에서도 활발한 투자가 이루어지고 있잖아요.

주식과 비교했을 때 대체자산 시장은 어떤 면에서 보면 덜 발달되었다고 볼 수 있어요. 퀀트 전략을 적용했을 때 초과 수익을 낼 가능성이 높죠. 반면 데이터가 정리되어 있지 않아서 분석하기 어렵다는 측면도 있어요. 두 모습 모두 나타나요. 대체자산 시장은 초기 주식 시장의 모습처럼 시장의 비효율성이 자주 나타나서 높은 수익률을 달성할 확률이 높아요. 그런데 막상 퀀트 전략을 사용하려고 들여다보면 데이터의 질이 무척 떨어집니다. 어려운 시장이에요. 어려우니까 수익률이 높은 거겠죠. 부동산 시장은 동일 물건이 계속 거래되는 시장이 아니다 보니까 사람들이 만들어 둔 가격 자료가 진짜 가격 자료가 아니거든요. 변동성을 계산해도 믿을 수 없고요. 이런 점들을 무시하고 분석하면 위험해요. 여러 문제점을 고려하면서 작업하려면 많은 노력이 필요해서 쉽지 않은 작업이 될 테고요. 회사 입장에서는 비용이 많이 드는 작업이고, 비용을 들이지 않고 작업하려면 무리한 결론이 나올 수 있죠.

주식, 채권, 외환, 상품선물, 부동산 시장에 대한 연구는 많이들 해요. 제가 직접 하지는 않지만 주변에 암호

화폐에 대한 연구를 진행하는 분도 있어요. 이렇게 많은 분야에 대한 연구가 빠르게 진행될 수 있는 이유는 동일한 분석 방법이 다른 분야에 사용될 수 있기 때문입니다.

대체자산에 대한 투자 규모가 아직 주식 투자 비중에 비할 바는 아니겠네요.

시장 규모와 상관 있을 것 같아요. 자산 규모는 주식보다 부동산이 크니까요. 자산운용사에서 대체투자를 많이 하다 보니 대체자산 분석에 대한 수요가 늘고 있어요. 주식 투자 규모를 대체투자가 따라잡지 못할 이유는 없죠.

국내 주식 현물 시장에는 거래세가 존재하다 보니 고빈도매매(HFT)가 이뤄지기 어려운 반면, 선물 시장에서는 활발하죠. 증권거래세 인하 추세가 지속된다면 국내 시장에서도 HFT가 큰 규모로 형성될 수 있을지 궁금하네요.

HFT는 시장에 유동성을 제공하고 그 대가로 약간의 초과수익을 얻는 정도라고 생각해요. 새로운 아이디어를 가지고 엄청난 수익을 얻어내는 분야는 아니에요. 꽤 큰 자본을 갖고 있는 주체가 유동성을 공급하는 게 맞고요. 이 시장에서는 궁극적으로 대규모 자본을 가진 기업 몇 개만 남지 않을까 싶어요. 외국계 회사가 한국에 와서 유동성 공급 역할을 맡을지 의문이에요. 그런 면에서 HFT를 주도하는 몇 개 회사만 남겠다는 생각입니다.

지금까지 질문이 너무 무거웠죠(웃음). 다른 주제로 넘어가 보겠습니다. 퀀트 관련 대중서를 집필할 계획이 있나요?

퀀트가 아닌 경제학에 대한 대중서를 썼는데 첫 번째 책이 잘 팔렸어요. 신나서 다음 책을 썼더니 전혀 안 팔리더라고요(웃음). 두 번째 책이 마지막이라고 생각했죠. 일반인이 퀀트 투자에 직접 접근할 수 있을지 고민해 봤는데 제한적이라고 결론을 내렸어요. 쉬워질 수는 있어요. 누구나 버튼 몇 개만 누르면 할 수 있긴 하지만 이해가 있어야 적절하게 사용할 수 있거든요. 일반인이 충분한 이해를 가지고 의사결정을 내리기에 제한적이라는 생각이 들어요.

소위 문과 출신들은 퀀트 분야에 진출하기 어렵다는 의견도 있어요.

저도 문과 출신이거든요(웃음). 컴퓨터를 이용해서 수

학 계산을 하는 건 점점 쉬워지고 있어요. 계산 능력 자체가 중요하지는 않은 것 같아요. 경제학에서도 비슷한 이야기가 있습니다. 수학을 잘하는 사람이 경제학을 잘한다고. 그런데 이건 틀린 말이에요. 수학을 잘한다고 경제학을 잘하는 것은 아니고, 경제학을 잘하는 사람이 수학을 잘한다고 해야 맞는 말이에요. 구체적인 수학 지식이나 기법이 아니라, 논리적 사고 능력이 뛰어난 사람이 경제학을 잘하거든요.

퀀트도 마찬가지예요. 프로그래밍과 수학 능력보다는 논리적 사고 능력이 중요해요. 문과라고 해서 이과에 뒤처질 이유는 없다고 봐요. 다만 문과 전공자 중에는 논리적 사고 능력보다 다른 능력이, 이과 전공자 중에는 다른 능력보다 논리적 사고 능력이 뛰어난 친구들이 많다 보니까 비중이 나뉘는 것 같아요. 그렇다 보니 퀀트 전문가 중에 이과 출신 비중이 절반을 넘긴다고 해도 이상하지 않은 일이죠. 문과여서 한계가 있다기보다 논리적 사고를 잘하는 학생들이 이과 계열로 많이 진학했기 때문에 퀀트와 적합한 사람들이 많을 뿐이에요. 문과 전공자 중에도 퀀트에 잘 맞는 사람들을 많이 봤어요.

답이 정해져 있을 것 같지만 어떤 전공 분야를 추천하나요?

    경제학 괜찮아요(웃음). 퀀트에 관심 있는 학생들이 이공계에 진학하는 것도 생각해 보면 이상해요. 시장 원리에 대한 감이 있어야 하거든요. 물론 경제학을 배운다고 시장에 대한 감이 생기지는 않지만, 너무 기법에 집중하는 것보다 전체적인 균형감각을 갖고서 직관을 키울 수 있는 전공이면 좋겠어요.

앞선 질문을 드린 이유가 있습니다. 퀀트가 태동한 미국 시장을 보면 공학 계열 전공자 위주로 직원을 채용한다는 기사나 자료가 많더군요.

    과장된 측면이 있어요. 비전문가가 상상할 때, 골드만삭스 같은 회사에는 수학이나 물리학 박사로 가득 차 있을 것 같지만 꼭 그렇지만은 않아요. 공학 박사들과 여러 번 일을 해 봤는데 핵심 아이디어를 제시하는 주체는 경제, 경영 전공자들인 경우가 많았어요. 아무리 공학에 뛰어나더라도 시장에 대한 이해가 없으면 주도적으로 모형을 만들어 낼 수 없어요.

    둘 모두 필요하죠. 시장에 대한 이해와 기술을 다룰 수 있는 능력이요. 전자는 필수조건이고 후자는 잘할 수 있으면 좋은 부분이에요. 요즘 들어 중요도가 높아지고 있지만 후자만 가지고서는 퀀트가 불가능하죠. 물리학을 기반으로 크게 성공한 사례가 있지만 그런 분들도 시장을 이해하지 않은 채 물리학 이론만 가지고 성공한 것은 아니에요. 엔지니어가 필요하긴 하지만 엔지니어만 있으면 자산운용사가 돌아가지 않을 거예요.

퀀트가 되는 커리어를 궁금해하는 학생들이 많습니다.

대학 졸업 후 퀀트 업계로 바로 진출하는 경우는 드물어요. 대학원에서 금융공학 등을 전공하고 취업하는 사례는 종종 있죠. 많은 경우 우회적으로 진입하는데, 빠른 기간 내에 진입하는 친구들을 보면 시장에 대한 이해와 기술에 관한 능력을 모두 갖춘 경우가 많아요. 학부를 졸업하고 바로 퀀트 분야에 진입한다고 해도 100% 퀀트 업무만 하는 자리가 아닐 거예요. 취업할 때 퀀트로서 진입한다기보다는 증권 업계에 들어가서 CFA 공부를 열심히 하는 등 준비를 한 후 옮겨가는 경우가 많은 것 같아요.

회사에서는 준비가 많이 된 학생을 선호해요. 적극적이고 증권업에 관심 있는 학생들이 무리 없이 취업했죠. 어느 회사나 똑똑하고 부지런한 사원을 선호하잖아요. 궁극적으로 퀀트에 관심 있는 사람이라면 통계학과 프로그래밍에 대한 학습도 중요하고요. 요새 제가 가르치는 학생들 중에도 경제학을 전공하면서 프로그래밍도 공부하고 데이터도 다뤄 보는 친구들이 꽤 생겼어요.

아무래도 돈을 다루는 분야다 보니 윤리 의식에 대한 정립이 중요하겠다는 생각이 듭니다.

제가 금융 회사에 취업하고 놀랐던 점 중 하나가 금융 업계에 있는 사람들이 의외로 윤리적이라는 거예요(웃음). 다른 업종보다 탐욕적인 사람들로 가득 찼을 것으로 상상했는데, 오히려 더 순수한 면도 있고 규칙을 어기는 것을 싫어하는 모습을 봤어요. 돈 버는 것에만 관심 있을 줄 알았는데 말이죠. 국가 경제에 대한 걱정도 많고 본인들의 비즈니스가 전체 시장에 어떤 영향을 미칠지 걱정하는 모습을 보고 놀랐어요. 물론 투자를 하는 사람이라면 시장이 어떻게 움직일지 고민해야 투자 판단을 할 수 있기 때문에 습관처럼 하는 사고방식이긴 해요. 그럼에도 윤리 의식이 다른 업종보다 결코 떨어지지 않습니다.

언론을 통해 금융 기업 사고를 접하면 이 업종이 윤리 의식이 없는 곳이라는 생각을 할 수도 있을 것 같지만, 제 개인적인 경험은 그렇지 않아요. 다만 우리나라 시장만 놓고 보면 규제가 약한 측면도 있어요. 가령 증권사 직원이 증권을 매수해도 되는지에 대한 규제 같은 것을 보면 그렇죠. 규제 탓이지 개인 탓을 하기는 어렵다는 생각이에요. 시간이 흐르면 더 성숙해질 거예요.

경제학 교수로서 갖고 있는, 돈에 대한 가치관도 궁금합니다.
경제학 수업을 할 때 자주 하는 이야기가 있어요. 경제학의 기본적인 아이디어 중 하나가 '노동 시장이 효율적이면 노동은 생산성을 반영한다'예요. 이 이야기를 하면서 학생들에게 함께 말해요. 세상이 꼭 그렇지는 않다고(웃음). 월급이 생산성을 100% 반영하고 있지 않고 반드시 그래야 하는 것도 아니라고요.

포트폴리오 매니저 한 명과 이야기하다가 당황스러웠던 적이 있어요. 하루에 10시간씩 일해서 연간 초과 수익률 1%를 달성했으니 20시간씩 일하면 2%가 될 거라고 하시더라고요. 투입물과 산출물의 관계가 정해져 있다고 생각하는 사람들이 꽤 있는데 꼭 그렇지만은 않아요. 수익률이 특정 함수를 거쳐 정해진다 하더라도 그 관계가 안정적이지는 않죠. 운과 같은 다른 요소가 많이 들어가요. 성과가 높다고 해서 본인의 노력 덕분이라고 생각할 건 아니에요. 성과와 월급이 그대로 이어져야 한다고도 생각하지 않고요. 돈이 성과, 노력에 대한 객관적이고 믿을 만한 지표가 되어야 한다고 생각할 필요는 없어요.

마지막으로 국내 시장에서 퀀트 분야가 어떻게 변화해 갈 것인지 의견을 듣고 싶습니다.

앞서 말했던 내용과 같은 맥락이에요. 간접투자 비중이 늘어날 것으로 생각하고 늘어나길 바라요. 간접투자를 담당하는 자산운용업에서 퀀트의 비중이 커지고 있고 앞으로도 지속될 거예요. 이에 대한 답변은 쉬운데 정작 어려운 질문은 액티브 투자에 대한 부분이에요. 액티브 투자가 없어질 거라고 생각하지는 않아요. 분명 중요한 영역으로 남아 있을 것으로 생각하고 대부분은 퀀트로 이뤄질 거예요. 하지만 액티브 투자 비중이 커져서 주류가 될 것으로 생각하지는 않아요. 다만 패시브 투자 영역과 액티브 투자 영역 모두에서 퀀트가 담당하는 역할이 분명 있을 거예요. 퀀트 전문가에 대한 보상은 점차 떨어질 것이라고 생각해요. 데이터 비용, 컴퓨터 비용이 내려가고 작업도 쉬워지고 퀀트를 할 수 있는 사람도 늘어날 테니까요. 엄청난 고소득 직종으로 남기보다 일반 엔지니어 직종과 같은 모습으로 이어지겠다는 생각입니다.

PERSON 08

퀀트는 전천후다

안혁 증권사 퀀트 애널리스트

PERSON 08
안혁 증권사 퀀트 애널리스트

자기소개 부탁합니다.

한국투자증권 리서치센터에서 퀀트 애널리스트로 일하는 안혁이라고 합니다. 벌써 이곳에서만 13년째 일하고 있네요. 저는 과학고를 졸업하고 카이스트로 진학한 전형적인 이공계 백그라운드를 가지고 있습니다. 학부 전공이 기계공학이어서 처음 증권사 리서치에 지원했을 때에는 철강 또는 자동차 섹터를 염두에 뒀는데, 당시 우리나라 퀀트 1세대이자 제 멘토였던 상사분께서 제 이력을 보시더니 퀀트를 권하셨습니다. 다행히도 아주 어렸을 때부터 프로그래밍을 해서인지 이 일이 적성에 잘 맞아 지금까지 한 분야에 계속 몸담고 있네요.

구체적으로 어떤 업무를 하시는지 궁금합니다.

리서치의 주 고객인 기관 투자자 또는 회사 내부의 금융 데이터를 분석해 문제를 해결하는 업무를 합니다. 어떤 면에서는 애널리스트보다 컨설팅 업무에 가깝다고 할 수 있어요. 더 나아가 독자적인 연구를 통해 수익률이 괜찮은 상품이나 좋은 투자 전략을 개발해 제안하기도 합니다.

언제 퀀트라는 개념을 처음 접했나요?

대학생 시절에 주식을 처음 접했는데, 나름대로 합리적으로 투자하려고 HTS에서 금융 자료를 받아 보았어요. 그리고 엑셀을 사용해서 시뮬레이션했죠. 대학원 때 금융공학을 배우면서 그 시절에 시도했던 분석이 퀀트였다는 것을 알게 됐습니다.

앞서 간략하게 언급했지만 퀀트의 정의를 어떻게 내리는지도 중요하겠죠.

사전적 의미에서 보면 숫자 데이터를 사용해 분석하는 사람을 퀀트라고 합니다. 정량을 뜻하는 'Quantitative'라는 단어에서 유래됐죠. 실무 경험을 토대로 퀀트의 성격을 말씀드리면 데이터를 자유자재로 다루는 '전천후(全天候) 금융 전문가'가 더 정확한 표현이라고 생각합니다.

활용도가 높은 퀀트에도 단점은 있을 텐데요.

패러다임 변화에 대응할 수 없다는 점이 퀀트의 가장

큰 단점입니다. 시장이 새로운 국면을 맞이하면 과거 데이터를 바탕으로 개발한 퀀트 모델은 더는 작동하지 않습니다. 이런 점에서 모델을 설계할 때 사용하는 데이터가 얼마나 패러다임 변화에 취약한지에 대해 많은 고민을 하죠.

퀀트가 국내에 처음 소개되었을 당시와 비교했을 때 현재 어떤 점이 달라졌나요?

제가 처음 퀀트를 시작했던 10여 년 전에는 엑셀 잘하는 사람을 퀀트라고 불렀어요. 하지만 지금은 엑셀뿐만 아니라 더 많은 데이터를 다룰 수 있는 프로그래밍 능력, 금융 이론을 활용한 모델 개발 능력을 모두 겸비한 사람을 퀀트라고 부릅니다. 제가 몸담고 있는 리서치 영역이 아니더라도 ELS 같은 상품을 설계하고 운용하는 분들도 퀀트예요. 이분들이 회사 수익에 기여하는 부분이 많아지면서 금융 여러 분야에서 퀀트를 찾는 수요도 많아지고 있습니다.

퀀트는 회사의 비용 절감에도 크게 기여합니다. 퀀트가 만든 모델, 금융 상품은 과거 많은 사람의 역할을 대신합니다. ETF와 같은 패시브 투자 상품을 설계하고 운용하는 퀀트들이 액티브 펀드 시장을 잠식한 건 새로운 사실도 아니에요.

인공지능 기술을 어떤 방식으로 금융 분야에 적용할 수 있을지 많은 논의와 시도가 이뤄지고 있습니다.

오래전부터 인공지능 모델을 개발해 여러 분야에 테스트해 보며 노하우를 쌓고 있어요. 직접 다뤄 본 경험이 있는 만큼 인공지능의 가능성과 한계도 뚜렷하게 보입니다. 다만 기술적으로 진입장벽이 높은 영역이다 보니 많은 사람이 추상적인 개념만 가지고 담론을 이어가는 점이 아쉬워요.

인공지능은 데이터가 많고 속성이 변하지 않는 과학 영역에서 잘 작동해요. 이미지나 음성 인식이 대표적이죠. 금융 분야, 특히 투자는 과학의 영역이 아니기 때문에 인공지능의 한계가 명확합니다. 저도 처음에는 숫자 데이터가 있고 나름대로 이론이 존재하는 분야라 과학으로 접근할 수 있다고 생각했는데, 금융 분야는 과학이 아닙니다. 예를 들어 보겠습니다. 주식의 경우 블록딜[1]도 일어나고 주식의 상속과 증여, M&A 등 시장 참여자의 어떤 의도나 외부 상황에 영향을 많이 받습니다. 자산 가격에 많은 영향을 끼치는 정치나 복잡한 사회 현상 역시 과학으로 설명할 수 없는 부분이죠. 더 나아가 어떤 사람의 투자 전략이 이익을 잘 내면 다른 사람들이 그 전략을 모방하는 등 여러 요소에 의해 시장의 패러다임이 변합니다.

인공지능 역시 마찬가지입니다. 인공지능을 이용해 투자하는 시도는 어쩌면 도로 표지판과 신호 체계가 수시로 바뀌는 도시에서 자율주행차를 모는 것과 유사하다고 할 수 있어요. '30년 치 경제 데이터를 인공지능이 학습해서 향후 2, 3년간의 시장을 예측'하는 분야보다 '1개월 거래 데이터를 분석해 향후 일주일의 주식 가격을 예측'하는 분야가 인공지능에 더 잘 맞는다는 말이죠. 30년 치 경제 데이터에는 수많은 패러다임 변화가 일어나지만, 1개월 거래 데이터에는 패러다

---

1   블록딜(Block deal): 증권 시장에서 정규 거래 시간 외에 이뤄지는 대규모 주식 거래를 의미한다. 시간 외 대량매매로도 불리며 대주주, 외국인, 기관 등이 주로 활용하는 매매 방식이다.

임 변화가 일어날 가능성이 적기 때문입니다. 금융 분야에서 인공지능 기술을 사용하려면 미시적으로 데이터가 변하지 않거나 자동화가 필요한 분야에 선택적으로 적용하는 혜안이 필요합니다.

이러한 점 때문에 인공지능은 금융 서비스 분야에 적합하다고 봅니다. 실제 사례가 있어요. 미국의 한 데이터 업체에서는 실적 발표 시즌의 콘퍼런스 콜을 인공지능으로 분석해 회사에 대한 경영진의 향후 전망을 분석하는 서비스를 제공합니다. 다시 말해 콘퍼런스 콜 녹취록을 바탕으로 '이 회사의 경영진은 1년 뒤 사업 전망을 긍정적으로 본다'라고 분석하는 식이죠. 하루에 200개가 넘는 기업이 동시에 실적 발표를 할 때 사람이 녹취록을 하나하나 분석하는 수고를 덜어 줄 수 있어요. 200개 기업 중 20개에 긍정적인 전망을 내준다고 하면 실제 투자자는 그 20개 기업을 심도 있게 분석하면 되죠. 인공지능 기술을 이용해 이런 서비스를 제공하고 사용료를 받는 셀 사이드 비즈니스라면 충분히 사업성 있지 않을까요.

셀 사이드의 분석이라 하면 보통 기업 탐방을 통해 얻어낸 정성적인 결과물을 떠올리죠. 퀀트 분석에서 정성적인 내용이 어떤 영향을 미치고 어느 정도의 중요도를 차지하는지 궁금합니다.

기본적으로 퀀트는 정성 데이터를 배제해야 합니다. 정성 데이터로는 퀀트 모델이 작동하지 않기 때문이에요. 하지만 정성 데이터도 샘플이 많아지면 정량 데이터가 됩니다. 100명의 애널리스트가 한 기업을 탐방해서 얻은 정성 데이터는 정량화할 수 있습니다. 퀀트는 정성적인 데이터를 최대한 정량화할 수 있는지 고민해야 합니다. 만약 정량화가 불가능하다면 '쓰레기가 들어가면 쓰레기가 나온다(Garbage in, garbage out)'라는 원칙을 기억하고 정성 데이터를 배제해야 합니다.

필요 없는 데이터를 걸러내는 기준도 필요하겠네요.

네, 맞습니다. 이러한 점에서 꼭 필요한 데이터만 취하는 전략이 필요합니다. 주식을 예로 들면 한 종목을 정확히 분석하는 것보다 수많은 종목 중에 확실히 좋은 종목 몇 개만 선택하는 방식으로 데이터 유용성 여부를 판단해야 합니다.

퀀트가 태동한 미국 등 선진 금융 시장과 우리나라의 퀀트 사이에는 어떤 차이점이 있나요?

저는 '퀀트'를 하나의 직업군이라기보다 금융 시장을 바라보는 접근 방법이라고 생각합니다. 이러한 점에서 선진 시장과 국내 퀀트가 근본적으로 다르지 않습니다. 다만 선진 시장의 경우 퀀트로 접근할 수 있는 시장이 훨씬 다양합니다. 일례로 한 주식이 여러 시장에서 거래되는 미국의 경우 고빈도 매매(HFT) 시장에서 활동하는 전문 퀀트들이 많습니다. 우리나라는 그렇지 않죠.

가장 큰 영향을 받은 선배 전문가가 있을까요?

이 분야로 이끌어 주신 노근환 위원님입니다. 우리나라 1세대 퀀트이자 이코노미스트, 섹터 애널리스트 등 여러 분야를 두루 경험하신 분이에요. 퀀트 애널리스트는 다른 애널리스트에 비해 요구되는 기술의 진입 장벽이 높아 성숙도를 갖추기까지 매우 오랜 시간이 걸립니다. 다른 퀀트 애널리스트들과 RA들을 보면 단기 성과에 집착해 요구받은 단순 작업만 하다가 번아웃되는 경우가 많은데, 노 위원님은 제가 충분한 시행착오를 겪으면서 성장할 수 있도록 시간과 자율성 측면에서 많은 배려를 해 주셨어요. 저 나름대로 직접 연구개발을 할 수 있는 애널리스트로 자리매김한 데는 그분의 공이 큽니다. 진심으로 감사한 마음을 갖고 있어요.

현업에서 어떤 퀀트 기법을 사용하는지 궁금합니다.

전통적인 계량경제학 등 매크로 위주 분석 방법과 팩터 분석으로 접근하는 방법으로 나뉩니다. 다만 이 두 분석 방법이 앞으로는 잘 작동하지 않을 거라 생각해요. 과거에 비해 거시 환경과 팩터 트렌드가 빠른 주기로 변하고 있고, 이러한 방식을 사용하는 투자자들이 많이 늘었어요.

오히려 현재 시장에서 경시되는 기술적 분석 영역이 퀀트의 새로운 영역이 될 거라고 봐요. 차트 등을 활용한 기술적 분석에는 사람의 심리가 녹아 있어요. 사람의 심리는 크게 바뀌지 않거든요. 결론적으로 제가 추구하는 퀀트 모델 철학은 계량행태재무학(Quantitative behavioral finance)입니다.

퀀트와 행태재무학을 접목한다는 의미는 무엇인가요?

퀀트의 단점이 패러다임 변화에 취약하다는 점을 말씀드렸죠. 패러다임이 변할 때마다 모델을 변경할 수 있을까요? 부지런하면 가능할 수도 있겠죠. 하지만 아무리 부지런해도 데이터가 쌓여 있지 않으면 불가능합니다. 이미 패러다임 변화가 일어나고 1, 2년은 지나야 진정한 패러다임의 변화인지 알 수 있죠.

이러한 위험을 피할 수 있는 가장 좋은 접근 방법은 패러다임의 변화가 적은 분야를 찾아서 모델을 만드는 것입니다. 저는 사람의 심리를 분석하는 영역이 이에 해당된다고 생각해요. 1990년대 투자자와 지금 투자자가 차트를 보면서 느끼는 욕망과 두려움의 감정 반응은 비슷하니까요.

행태재무학을 다룬다면 심리학 등 다른 학문 분야에 관한 공부도 필요하겠어요.

그럼요. 전문가 수준은 아니더라도 공부를 해야죠. 금융 외 다른 분야에 대한 자료도 봅니다. 시장 폭락 예측 모델은 지진을 예측하는 물리학 자료를 보다가 아이디어를 얻어 개발한 거예요. 개발한 시점은 2014년

인데 2018년 1월 비트코인 폭락을 정확히 예측해서 저도 놀랐던 기억이 있습니다.

사람의 심리 특성과는 달리 패러다임 변화가 심한 분야로는 어떤 사례가 있을까요?

경제지표에 기반한 모델들은 2008년 전까지 비교적 잘 작동했습니다. 다만 금융 위기가 발생하고 양적완화가 실행되면서 금리를 비롯한 기존 경제이론이 더는 맞아 들어가지 않습니다. 우리나라의 경우도 비슷합니다. 과거 우리나라 국가 경제와 기업 이익, 주가지수가 비슷하게 움직였어요. 어느 순간 경제와 주가지수 사이의 상관관계가 분리되고 기업 간에도 양극화 현상이 발생하면서 과거와 다른 움직임을 보였습니다. 정치, 사회, 외교 등 여러 분야가 융합된, 예측할 수 없었던 사건들이죠.

같은 맥락에서 효율적시장가설(EMH)이 실제 투자 분석을 하는 데에 중요한 논점이 될 수 있겠네요.

많은 사람이 주목하는 자산은 대체적으로 효율적이라고 생각합니다. 원유, 달러, 금과 같이 전 세계 사람들이 24시간 주시하는 자산들이 효율성이 높은 시장이죠. 반대로 하루 거래량이 적은 중소형 주식은 비효율성이 높습니다. 그런 면에서 시장의 비효율성을 체계적으로 잡아내는 퀀트 모델은 중소형 주식 분석에 효과적이에요.

저는 오히려 한 모델의 정확성보다 여러 모델이 어울려 총수익률을 높이는 '전략의 분산 투자'를 중요하게 생각합니다. 모든 상황에 적용할 수 있는 완벽한 하나의 모델은 존재하지 않아요. 여러 특성을 가진 모델을 결합하는 노하우가 중요합니다. 어떤 모델을 만들었을 때 백테스팅 결과가 연 6% 수익률이라고 가정해 볼게요. 이때 사람들은 세부 조건을 조정해 연 10% 수익률이 나오도록 최적화 단계를 밟으려고 해요. 바로 과최적화(Overfitting) 문제가 발생합니다. 저는 기존 모델을 바꾸기보다 다른 성격을 갖고 있는 새로운 모델을 개발하는 데에 힘을 쏟습니다. 다양한 전략으로 구성된 포트폴리오가 하나의 정교한 모델보다 우수한 수익률을 보여 주기 때문이죠.

퀀트가 과거 데이터를 분석하기 때문에 미래를 예측하기에 부족하다는 지적이 나오기도 합니다.

> 비단 퀀트가 아니더라도 어느 분야나 그렇죠(웃음). 우선 모델 개발자가 과거 데이터에 얼마나 의존하는지 확인해 봐야 해요. 생각보다 금융 데이터가 적거든요. 적다는 의미는 기간이 짧다는 뜻입니다. 시뮬레이션할 수 없는 경우가 발생하기도 해요. 몬테카를로 시뮬레이션은 여러 가상의 데이터셋을 만들어서 수행할 수 있지만 금융 데이터는 과거에 딱 한 번 발생한 데이터만 존재해요. 그런 이유에서 자산 간 가격 스프레드처럼 패턴이 반복되는 영역을 분석하는 업무가 저에게는 편해요.

퀀트 투자의 성공과 실패는 어떤 기준으로 판단할 수 있을까요?

> 서로의 계좌를 보여 주는 것이 가장 빠르겠죠(웃음). 농담입니다. 투자의 성공과 실패는 어떻게 나눌 수 있을까요? 많은 분이 수익률이라고 생각하겠지만, 저는 자신에게 맞는 투자 방식을 찾아 투자했다면 성공이라고 봐요. 적어도 일주일 동안 투자 수익률을 궁금해하지 않을 정도로 본인이 이해하고 편안함을 느끼는

전략이 자신에게 맞는 투자 방식이에요. 퀀트 투자를 했을 때 마음이 놓인다면 퀀트 투자에 성공했다고 할 수 있겠죠. 다만 최근 퀀트 투자가 인기를 끌면서 마치 퀀트 투자를 안 하는 사람은 시대에 뒤떨어진 투자자라고 낮춰 보는 시각은 경계해야 합니다. 제가 퀀트를 사용하는 이유도 스스로 액티브 투자에 안 맞는 사람이라는 사실을 알고 있기 때문이에요.

기관의 요청을 받아 분석할 때와 자발적으로 연구할 때 분석 접근 방식에 차이가 있나요?

핵심적인 분석 방법에는 차이가 없습니다. 다만 기관 투자자가 요청했을 때는 그들이 무엇을 원하는지 정확히 파악해야 합니다. 다른 애널리스트보다 폭넓은 금융 지식이 필요하죠. 저 역시 주식을 비롯해 선물옵션, ELS, ETF, 채권, 부동산 분석까지 다양한 자산을 다뤄 봤어요.

이공 계열을 전공하지 않은 학생의 경우 퀀트로 진입할 때 가장 먼저 마주치는 장벽이 프로그래밍입니다. 현업에서 프로그래밍 능력이 얼마나 중요한지도 궁금하네요.

저는 후배들이 작성한 엑셀 파일에서 어떤 엑셀 함수

를 사용했는지보다 어떤 논리로 데이터를 배치하고 사고 흐름을 구성했는지 눈여겨봅니다. 엑셀을 체계적으로 사용할 수 있다면 프로그래밍 언어도 충분히 배울 수 있습니다. 어떤 언어라도 자기가 직접 설계하고 개발한 프로그래밍 경험이 중요합니다. 따라서 '어떤 프로그래밍 언어를 다루세요?'라고 물어보는 건 의미 없습니다. 엑셀 잘하는 사람은 파이썬도 잘 다룰 수 있어요.

추천해 주고 싶은 책이 있나요?

제가 쓴 <프로야구 명감독이 주식투자를 한다면>을 추천드려요(웃음). 퀀트에 입문하는 분들에게 도움을 드리기 위해 야구 통계라고 불리는 세이버메트릭스[2]를 이용해 주식을 분석한 책입니다. 에드워드 소프(Edward O. Thorp)가 저술한 <딜러를 이겨라(Beat

---

2 세이버메트릭스(Sabermetrics): 야구에 게임 이론과 통계학적 방법론을 적극 도입하여 기존 야구 기록의 부실한 부분을 보완하고, 선수의 가치를 비롯한 '야구의 본질'에 대해 좀 더 학문적이고 깊이 있는 접근을 시도하는 방법론이다. 기존 주먹구구식 선수 평가론을 전면 부정하고, 야구 선수에 대해 좀 더 객관적인 평가를 하기 위해 창안된 이론이다.

The Dealer: A Winning Strategy For The Game Of Twenty-One>도 추천합니다. 제가 한국어판을 감수했는데 미국 교수가 수학을 사용해 카지노에서 돈을 벌었던 영화 <21>의 원작이기도 해요. 권용진 대표가 쓴 <인공지능 투자가 퀀트>도 도움이 될 거예요. 미국 금융 시장의 퀀트 모습을 잘 그렸어요. 쉽게 읽히면서도 깊이가 있는 책입니다.

일반 개인 투자자가 전문 애널리스트의 보고서를 접할 때 어떤 점을 유의해서 봐야 할까요?

사실 퀀트 애널리스트의 보고서는 아무리 쉽게 써도 일반인이 이해하기 쉽지 않습니다. 저도 최대한 쉽게 쓰려고 노력하는데 숫자와 계량 모델을 다루기 때문에 한계가 있습니다. 다만 퀀트에 관심 있는 개인 투자자라면 보고서에서 다루는 모델에 관해 시간을 들여 공부할 가치가 있다고 생각합니다. 보고서에서 다룬 모델은 애널리스트가 테스트한 수많은 모델 중 의미가 있다고 판단해 뽑아낸 거예요. 퀀트 입문자의 시행착오를 줄여 줄 수 있습니다 더 나아가 보고서의 아이디어를 참고해 본인만의 투자 모델을 개발해 보길 추천합니다. 현재 시점에서 적합한 모델을 찾는 데 오래된 금융 교과서나 책보다 큰 도움이 될 겁니다.

같은 맥락의 질문입니다. 일반인도 퀀트 기법을 사용한 직접 투자를 할 수 있다고 생각하는지 궁금합니다.

할 수 있습니다. 엑셀을 이용해서 쉬운 것부터 해 보세요. 그 방식이 자신에게 맞으면 그걸로 충분합니다. 국내에도 많은 책이 나와 있고 유명한 퀀트 전략들의 엑셀 샘플은 웹에서 충분히 찾을 수 있습니다.

퀀트 업계로 취업하는 경력 경로에 대해 궁금해하는 학생이 많아졌습니다.

우리나라 퀀트 분야는 역사가 길지 않기 때문에 퀀트가 되는 특별한 과정이 없습니다. 다만 퀀트가 되겠다는 생각보다 데이터 사이언티스트가 되겠다는 생각을 가지고 다양한 경험을 해 볼 것을 권합니다. 설령 금융 퀀트가 되지 않더라도 여러 분야로 진출할 수 있어요. 금융 분야라면 셀 사이드와 바이 사이드 중 본인의 성향에 맞는 곳이 어딘지 파악하는 것도 중요합니다. 저는 시스템 설계에 관심이 많아 모델을 개발하는 리서치 분야에 있죠. 퀀트 모델을 이용해 실제로 운용해 보고 싶다면 바이 사이드 분야 퀀트를 추천합니다.

퀀트로서 갖춰야 할 고유한 직업윤리나 마인드셋이 있나요?

퀀트는 공개된 정보만으로 분석하기 때문에 윤리의식 준수가 큰 영향을 미치지는 않습니다. 거꾸로 표현하면 공개된 정보로 투자하는 개인에게 좋은 투자 방법이라고 할 수 있습니다.

퀀트가 우리나라 금융 시장에서 어떤 의미를 가지고 있는지, 또 앞으로 어떻게 발전해 나갈지 의견을 듣고 싶습니다.

최근까지 퀀트는 투자 분야에 국한해 활동했는데 앞으로는 디지털 전략, 핀테크 등 다양한 금융 분야에서 수요가 늘어날 거예요. 이미 금융사들은 IT기업이 된 지 오래됐습니다. 금융을 IT산업으로 바라보면 디지털 정보의 처리, 플랫폼 운영, 새로운 서비스 개발 등 다양한 영역에서 금융과 프로그래밍 능력을 갖춘 인재가 필요할 테고 그 중심을 퀀트 출신 전문가들이 차지할 것으로 기대합니다.

PERSON 09

퀀트는 넓고 자유롭다

이기봉 투자회사 대표

PERSON 09
이기봉 투자회사 대표

자기소개 부탁합니다.

저는 삼성증권에서 약 10년 동안 퀀트 애널리스트로 일했고, 국민연금 기금운용본부에서 시니어 운용역으로 자산배분 업무를 경험했습니다. 2013년부터 자문사에서 운용을 담당하다 개인적인 투자 성과가 좋아진 덕분에 2016년 독립을 하고서 지금까지 고유 자산을 운용하고 있습니다. 학부에서 수학, 대학원에서 응용통계학을 공부했습니다.

퀀트 분야에서 실무적으로 어떤 업무를 했는지 궁금합니다.

오랜 시간 셀 사이드에서 퀀트 분석을 하며 금융 시장을 이해하기 위해 노력했습니다. 당시만 해도 퀀트 분야가 초창기였어요. 처음부터 하나씩 준비해야 했습니다. 사내 데이터베이스를 구축하고 이를 활용해 나름대로 투자 모델과 아이디어를 만들었어요. 이과 출신인 데다 시행착오도 많았죠. 그래도 시장 속성에 대해 꽤 흥미로운 발견을 할 수 있었고 발견한 인사이트를 투자가들에게 설명하고 대화하는 일이 매우 재밌었습니다. 글로벌 시장의 이익 모멘텀[1]과 밸류에이션을 모니터하고 멀티 팩터 모델을 사용해 시장에서 매력적으로 보이는 종목을 제시했어요. 자산배분 모델 등 기타 계량적 분석이 필요한 이벤트와 관련된 자료를 작성하기도 했습니다. 숫자와 관련된 거의 모든 일을 경험해 봤어요. 인구통계적인 접근 방식에서 아이디어를 얻어 2008년 초 미국의 금융 위기를 예측하는 '모든 비밀의 어머니'라는 보고서도 작성했고요. 현재 고유 자산을 운용하면서도 지속적으로 투자 아이디어를 찾기 위해 퀀트를 사용합니다.

별도로 뜻이 맞는 사람들과 한국퀀트협회를 설립하여 운영에 참여하고 있습니다.

퀀트를 처음 접한 계기가 궁금합니다.

모든 게 우연이었습니다. 제가 대학 다닐 때만 해도 자연과학 계열 전공자들은 지금처럼 장래 직업에 많은

---

1 모멘텀(Momentum): 과거 일정 시점 가격과 현재 가격을 비교함으로써 현재 가격이 상승 추세에 있는지 하락 추세에 있는지 판단하는 개념이다.

관심을 갖는 분위기가 아니었어요. 다만 수학과 통계학을 전공하면서 막연히 금융 분야로 진출하고 싶다는 생각은 했었습니다. 책과 영화 등에서 월스트리트에 대한 이야기를 접한 것도 계기가 됐습니다. 1997년 여름 응용통계 석사 과정을 끝마칠 때쯤 우연히 인터넷에서 삼성그룹 채용 공고를 접하고서 증권사에 지원했어요. 삼성그룹이 학력 차별을 폐지한다는 취지로 적성검사로만 채용을 진행한 첫 번째 케이스였거든요. 경기가 나빠지던 시기였고, 삼성증권이 그룹 내에서 상대적으로 자그마한 회사여서 공채로 4명만 채용했는데 운이 좋아 포함되었습니다.

입사해서 OJT[2] 받으며 정신없이 일을 익히고 있는데 IMF 사태가 터졌어요. 사방에서 난리가 났죠. 이 와중에 예상치도 못했던 경영 관리 팀으로 발령나고 약 2년 동안 회사의 전반적인 재무 관리와 경영 분석 업무를 맡았습니다. 재미는 있었는데 무진장 힘들었어요. 지금으로 말하면 '저녁이 있는 삶'의 개념으로 삼성그

---

2 OJT(On-the-Job Training): 기업 내에서 실습을 통해 업무에서 필요한 사항을 몸에 익히는 현장 교육을 말한다.

룹이 실험적으로 '7·4제'를 시도했던 시기였거든요. 7시 출근, 4시 퇴근. 그런데 저희 팀은 7시에 출근해서 12시에 퇴근하는 일이 잦았어요(웃음). 일하는 동안 체력적으로 힘들었던 기억이 나네요. 그래도 배울 게 많아서 이를 위안 삼아 만족하며 다녔어요. 경제위기 상황에서 생존을 위해 회사의 경영 상황을 분석했던 업무들이 뒤돌아보면 많은 가르침을 주었던 것 같습니다.

당시 IMF 사태는 저에게 강렬한 인상을 줬어요. '우리나라가 무엇을 잘못했길래 이런 일을 겪을까', '금융 선진국의 전문가들은 어떤 내용을 배울까'를 고민했습니다. 당시 시중에 출판된 금융 관련 책들은 기술적 분석이나 얕은 수준의 트레이딩 관련 책들이 대부분이었어요. 외국계 금융사에 들어간 친구들이 유달리 인정받는 모습을 보면서 내가 저들과 경쟁하려면 무엇을 해야 할까 고민하다가 CFA 시험을 준비하게 됐어요. 처음 CFA 시험을 준비할 때에는 우리나라에 CFA 차터홀더가 4명밖에 없는 낯선 시험 제도였습니다. 2년에 걸쳐 허덕거리며 CFA 레벨 2를 통과하고 나니 회사에서 리서치 업무를 맡아 볼 생각 없냐고 제안했습니다. 당시 리서치 센터장이었던 이남우 교수님과 면접을 보고 간신히 통과해서 리서치 센터 퀀트 애널리스트로 발령을 받았어요. 내성적인 성향상 기업 탐방을 힘들어 했는데, 퀀트 애널리스트의 업무가 대부분 책상에 앉아 데이터와 씨름하는 일이라 비교적 적성에 맞았습니다.

처음에는 업무를 어떻게 해야 할지 아무도 몰랐어요. 제가 국내에서는 거의 첫 번째 퀀트 세대였거든요. 그래도 보고서를 쓰고 국내외 수많은 쟁쟁한 기관의 자료 요청에 응했습니다. 매일 회사에 남아 글로벌 운용사들의 자료 요청 사항을 검토했어요. 관련 논문이나 외국계 회사에서 발행된 보고서 등을 찾아보면서 자체적으로 모델을 만들고 작동시키면서 하나씩 배워 갔습니다. 매번 낯선 문제가 등장해서 힘들긴 했지만 그만큼 재밌던 시간이었어요.

셀 사이드에서 첫 경력을 시작한 후 현재는 바이 사이드에서 활동하고 있습니다. 두 분야의 경험을 토대로 퀀트를 정의한다면요?

주식 퀀트는 사람의 머리로 계산하기 어려운 많은 양

의 시장 데이터를 사용해 눈에 잘 안 보이는 시장의 비정상을 찾아내고, 기대 수익과 위험을 계산해 투자에 활용하는 과정이라고 할 수 있습니다.

셀 사이드에서 고객은 펀드 매니저뿐 아니라 일반 개인 고객도 존재합니다. 따라서 트레이딩 아이디어 또는 시장 초과 수익을 내기 위한 포트폴리오를 구성하는 데 더 중점을 두는 경향이 있어요. 반면 바이 사이드에 있다면 초과 수익뿐 아니라 실제 시장에서 어떻게 전략을 실행해야 하는지도 고려해야 되기 때문에 운용 및 사후 관리까지 신경을 써야 하죠. 따라서 밸류에이션, 모멘텀, 성장성과 같은 팩터 기반 알파를 찾는 리서치는 증권사에서 많이 수행하는 반면, 리스크 관리를 포함한 포트폴리오 운용 전반에 관련된 리서치는 바이 사이드에서 더 많이 수행하고 있습니다.

퀀트라는 개념은 미국, 유럽 등 선진 금융 시장에서 태동했습니다. 국내에 처음 퀀트가 적용되기 시작했을 당시의 모습과 현재를 비교하면 어떤 점이 달라졌는지 궁금합니다.

좋은 질문이에요. 이매뉴얼 더만(Emanuel Derman)이라는 파생상품 퀀트가 쓴 <My Life As a Quant>

라는 책이 있습니다. 그 책에서 '주식 분야 퀀트가 더하기 빼기 외의 작업을 하는 모습을 본 적이 없다'라는 농담을 했어요. 주식 퀀트 태동 초기에는 단순한 수준의 데이터 가공 작업이 주로 진행되었던 것이죠. 한국에서도 퀀트 도입 초기에는 단순한 방법으로 작업이 이루어졌습니다. 그래서 저도 애널리스트로 살아남을 수 있었던 것 같습니다(웃음). 그러나 현재는 똑똑한 분들이 퀀트 영역에 진입하면서 분석 기법도 계속 진보하고 있어요. 횡단면 분석[3]과 패널 데이터[4]를 이용한 회귀분석이나 최적화 과정과 같은 통계적 기법은 기본이고, 이제는 머신러닝과 비정형 데이터 분석[5]까지 방법론이 매우 빠르게 발전하고 있습니다.

---

3   횡단면 분석(Cross-sectional analysis): 시계열 분석에 대응되는 분석 기법이다. 동일 시점 또는 동일 기간에 여러 변수에 대하여 관찰된 자료를 이용하여 분석한다.

4   패널 데이터(Panel data): 종단자료(Longitudinal data)라고도 하며, 여러 개체를 복수의 시간에 걸쳐서 추적하여 얻는 데이터를 말한다.

5   비정형 데이터(Unstructured Data): 일정한 규격이나 형태를 지닌 숫자형 데이터(Numeric data)와 달리 그림이나 영상, 문서처럼 각 형태와 구조가 달라 구조화되지 않은 데이터를 말한다.

장단점이 있어요. 과거에 비교적 단순하게 분석하던 시절에는 알파를 추구할 기회가 많았던 덕분이기도 하지만 기본적인 팩터 리서치를 통해 나름대로 경제적인 원칙에 충실한 단순한 모델을 많이 실험해 볼 수 있었습니다. 그런데 2011년을 기점으로 금융 시장의 속성이 전 세계적으로 크게 변했어요. 근래 출간된 여러 퀀트 관련 책을 봐도 2011년 이전과 이후 퀀트 전략의 성과 특성치가 변화된 것을 확인할 수 있을 겁니다. 이는 뉴 노멀[6]로 정의된 글로벌 저성장의 장기화와 함께 퀀트 투자의 확대로 시장의 알파가 축소된 결과라고 생각합니다.

과거에는 개별 팩터별로 깊은 수준의 리서치를 할 기회가 많았다면, 현재는 리스크를 많이 고려한 정교한 모델을 접할 기회가 많다고 생각합니다. 다만 개별 팩터에 대한 리서치가 과거보다는 축소됐어요. 장기적으로는 특정 세그먼트에서 개별 팩터에 대한 선별적

---

6 뉴 노멀(New normal): 이전에는 비정상적인 것으로 보였던 현상이 점차 흔한 표준이 되어가고 있다는 것을 의미한다. 경제 분야에서는 세계 금융 위기와 경제 침체 기간을 겪으며 저성장, 저금리, 저물가가 지속되는 현상을 말한다.

인 장기 투자는 여전히 가능하다고 믿는 편이어서 조금 아쉬움을 느끼기도 합니다. 반면 비정형 데이터 등 새로운 분석 방식을 접할 때는 신기해서 사뭇 가슴이 떨립니다.

해외 시장의 퀀트 분석 방식을 참고하는 것은 앞으로도 중요하다고 생각합니다. 그러나 결국 분석 방법이나 접근 방식은 국내외 모두 비슷한 경향을 보입니다. 똑똑한 사람들을 여러 팀으로 구성해서 강당에 가둔 다음에 특정 프로젝트를 제시하며 독립적으로 경쟁을 시킨다고 가정해 볼게요. 여러 팀의 결과물을 보면 겉모습은 다를지라도 작동하는 원리는 대체로 비슷할 겁니다. 효율성에서 차이가 날 수 있겠지만 아무리 머리가 좋아도 사람의 상식과 생각하는 원리는 다르지 않아요. 보편적인 지식에 근거해서 작동하기 때문에 해외나 국내나 접근 방식은 비슷하죠. 그리고 대부분의 방법론은 이미 시장에 많이 소개되어 있기도 하고요. 거인의 어깨 위에 올라서기에 퀀트는 꽤 좋은 분야입니다.

다만 금융 시장의 폭과 깊이가 달라요. 폭은 상장된 종목의 수 또는 데이터, 깊이는 투자자가 주문을 냈을 때

시장이 소화할 수 있는 능력을 의미해요. 한국 시장의 종목 수가 많기는 하지만 아직까지 퀀트 관점에서 실제로 운용할 수 있는 규모는 제한되어 있습니다. 자금이 100억 원 이상만 돼도 액티브 운용상 발생하는 여러 제약 때문에 실제로 성과를 내기가 어려워요. 이런 맥락에서 한국은 외국보다 액티브 퀀트 운용 자산 규모가 작은 편입니다.

그리고 이용 가능한 데이터 셋도 다르죠. 훌륭한 퀀트 모델을 만들기 위해서는 좋은 데이터베이스가 무엇보다 중요한데, 많은 노력에도 불구하고 아쉬운 부분이 있습니다. 특히 국내에서는 IFRS[7] 도입 이후 데이터의 질이 낮아졌어요. 해외의 경우 비정형 데이터에 대한 투자가 활발한데 우리나라는 아직 이러한 데이터를 쉽게 접하기 어려워요. 현재 시점에서 국내 금융 시장의 단면을 봤을 때 액티브 퀀트 운용 대비 패시브 운

---

7 IFRS(International Financial Reporting Standards): 국제 회계 기준이다. 국가별로 상이한 회계 기준을 사용하고 있어 글로벌 기업간 비교가 어렵고 신뢰성이 떨어지는 문제점을 보완하기 위해 국제회계기준위원회에서 제정한 회계 기준이다. 우리나라에서는 2007년 12월에 한국채택국제회계기준(K-IFRS)을 제정했다.

용 자산 규모가 현저히 큰 이유라고 볼 수 있습니다.

앞으로의 시장도 같은 방향성을 가지고 나아갈까요?

통계를 공부했다면 대수의 법칙을 알 거예요. 주사위를 한두 번 던지면 엉뚱한 숫자가 나올 수 있지만 여러 번 던지면 평균에 회귀한다는 법칙이죠. 퀀트 운용가들에게는 여러 번 게임할 수 있는 기회가 필요합니다. 시장의 폭이 넓지 않다면 오랜 기간 많은 데이터를 축적해 가며 투자할 기회가 필요한데, 지금까지는 단기 성과가 대체로 중요해서 그럴 수 있는 시장 환경이 아니었어요. 순수 액티브 주식형은 사정이 조금 낫지만 흐름은 크게 다르지 않은 듯합니다. 이에 따라 사람들은 점차 패시브 ETF나 펀더멘털 ETF 등에 관심을 갖게 되는 것 같아요. 그래도 해당 상품에 퀀트 기법이 일부 적용되기 때문에 이를 기반으로 한 액티브 퀀트 분야도 일부 성장할 수 있을 것으로 예상합니다. 그리고 우리나라의 잠재 경제 성장률이 계속 하락하고 있기 때문에 국내 투자가들은 결국 해외 투자를 늘려갈 거예요. 해외 투자에 효율적으로 접근하는 좋은 방법 중 하나가 퀀트이기 때문에 이 부분에서도 많이 활용될 거라 봐요.

해외 투자를 위한 효율적인 도구로써 퀀트를 언급했는데, 어떤 장점이 있는지 궁금합니다.

퀀트는 굉장히 많은 범위에 사용될 수 있습니다. 글로벌 자산배분이 우선 중요한 연결고리가 될 수 있습니다. 한국의 로보어드바이저 회사들도 대체로 자산배분 퀀트 모델을 자동화하면서 비즈니스 모델을 개발하고 있어요. 해외에 직접투자를 원할 경우에도 적용할 수 있죠. 만약 전 세계 어떤 종목이나 어떤 국가에 투자 가능성이 있는지 알아보고자 할 때, 뉴스만 보고는 의미 있는 아이디어를 찾아낼 수 없어요. 애널리스트 보고서를 모두 볼 수도 없고요. 액티브 운용 방식으로 종목을 발굴해서 분석하는 방법을 택할 수도 있지만, 이에 앞서 탐색군을 필터링하는 데 퀀트 모델을 사용할 수 있어요. 기관 투자자의 해외 투자 시 위험 관리 측면에서도 퀀트가 필요하고요.

숫자와 데이터만으로 분석하는 퀀트와 애널리스트, 펀드 매니저의 관점으로 액티브 운용 방식을 나눠 봤을 때, 퀀트 운용에서 정성적인 부분이 차지하는 비중은 얼마나 될까요?

역시 중요한 질문입니다. 운용 철학에 따라 범위가 다양합니다. 전적으로 정량 분석에만 집중하는 전략이 여전히 많지만 정성적인 부분을 결합하려는 시도는 오래전부터 지속되어 왔습니다. 특히 2011년 이후 퀀터멘탈이라는 용어가 전 세계적으로 많이 사용되기 시작했어요. 퀀트 분석과 펀더멘탈 분석을 결합시키려는 노력이에요. 이런 시도가 필요하긴 하지만 서로 바라보는 지향점이 다르기 때문에 화학적으로 융합되기는 쉽지 않습니다. 기본적으로 퀀트는 저평가된 종목이나 모멘텀이 있는 종목을 찾아내는 방식인데, 정성적인 분석 방식은 장기적인 트렌드를 찾으려는 경향이 있거든요. 따라서 숫자로 분석할 때와 사람이 판단할 때 교집합이 존재하는 시기가 아주 많지는 않아요. 기저에 깔린 철학이 다르기 때문에 균형 잡기가 어렵습니다.

경제가 성장을 지속하는 예전 정상 상태 경제에서는 턴어라운드 종목이 꽤 등장했는데, 요즘에는 그런 종목을 찾기가 매우 어려워요. 밸류에이션 지표가 낮은 종목을 필터링해서 턴어라운드 종목을 찾아내는 퀀트 방식에 불만을 갖는 정성적인 투자자도 있을 거예요. 실제로 아마존이나 테슬라같이 재무 정보만으로는 알 수 없는 성장 가치를 지닌 기업을 퀀트 분석으로 알아내기가 무척 어렵거든요. 이런 철학의 차이를 일치시키는 과정이 매우 어려울 겁니다. 퀀트가 모든 문제에 대한 정답은 아니기 때문에 일정 부분 서로 견제하면서 발전하는 방향이 바람직하다고 봅니다.

IT나 바이오와 같이 예상치 못한 변화가 잦은 특정 산업 분야에도 퀀트를 적용할 수 있을까요?

특정 산업의 경우 퀀트를 활용한 접근이 크게 의미 없을 수 있습니다. 프로젝트 단위 비즈니스 모델을 가진 바이오나 게임, 엔터테인먼트 회사들에 적용하는 횡단면적인 퀀트 분석은 의미가 제한될 수밖에 없어요. IT 업종 중 하드웨어 분야는 그나마 상대적으로 설명력이 있는 편입니다. 미래 이벤트에 취약한 산업군에서는 퀀트의 예측력이 떨어지는 것이 사실이에요. 이 부분을 감안하고서 분석을 하는 게 옳다고 생각합니다.

매크로 변수를 주요 요인으로 활용하는 탑다운 방식과 개별 기업의 재무 데이터를 활용하는 바텀업 방식으로 분석 방법을 나눠 봤을 때 퀀트의 적용성에 차이가 있을까요?

퀀트가 재미있는 건 그럼에도 불구하고 매우 자유롭다는 점입니다. 분석하는 사람은 다양한 모델 중에 선택할 수 있습니다. 대부분 퀀트 모델이 바텀업 방식이기는 하지만 매크로 변수를 모델에 결합하여 리스크를 관리하는 모델도 많이 운용됩니다. 예외적으로 장기 성장을 보이는 미국 시장과는 달리 신흥 시장, 특히 한국 시장에서는 매크로 분석이 중요한 편이기에 이러한 모델은 의미가 있다고 생각합니다. 2011년 이전에는 매크로와 무관하게 순수 재무 정보, 애널리스트 추정치, 주가 모멘텀 등을 결합해서 분석했는데, 금융위기 이후 점차 퀀트 모델의 안정성이 깨진 것도 이러한 변화에 영향을 주었습니다. 경제가 정상적일 때, 나빴을 때를 나눠 보는 관점이 중요해졌기에 매크로 지표를 참고해서 퀀트 모델을 어떻게 수정해야 할지 분석하는 시도가 많아졌어요. 유가, 환율 등 다양한 매크로 리스크에 대한 노출을 제어하려는 노력이 늘고 있습니다.

퀀트 기법을 상세하게 들여다보면 여러 기법으로 나눠 볼 수 있을 텐데요.

다양한 전략이 존재하지만 근본적인 철학 또는 뿌리는 비슷해요. 아이디어 차원에서 이야기하면 이해하기 쉬워요. 수능을 보면 한 번의 시험으로 학생의 점수를 매기잖아요. 국영수 시험을 잘 치른 학생들의 인성이 반드시 좋아서 나중에 사고 치지 않을 거라는 보장은 없습니다. 하지만 우리는 성적 상위 집단이 하위 집단보다 미래에 평균적으로 학업 성취가 높을 것이라는 가정을 하고서 시험 결과를 이용합니다.

퀀트도 어떻게 보면 상장된 종목들 대상으로 매번 시험을 본다고 이해하면 돼요. 1등급, 2등급, 3등급 식으로 등급을 매기는 거죠. 아무리 1등급에 속한 기업이라 하더라도 일부는 대표가 사기꾼이거나 비즈니스 모델이 좋지 않은 경우가 있겠지만, 평균적으로 미래 성과가 좋은 종목일 거라 기대할 수 있어요. 반면 10등급에 있는 종목은 그 반대라고 생각하는 논리가 기초적인 퀀트 접근 방법이에요. 다만 1등급이라는 기준을 국영수 위주로 볼 것이냐 음악이나 체육에 가중치를 둘 것이냐 선택하는 과정에서 차이가 발생해요. 이러한 기본 틀을 이해하면 다양한 접근 방법으로 파생된다는 사실을 이해할 수 있습니다. 최근 일부 퀀트가 사용하는 비정형 데이터의 경우 인공위성 사진, 애널리스트 보고서, 기사의 뉘앙스, 대표이사의 목소리까지 분석하는 모델이 나오고 있어요.

대표님은 주로 어떤 분석 방법을 사용했나요?

예전에는 밸류와 함께 모멘텀 팩터를 굉장히 많이 봤어요. 기업의 이익이 어떻게 변하는지를 민감하게 파악해서 이익이 상승하는 종목들을 선호했죠. 최근에는 성장 가치가 존재하는 종목 발굴에 조금 더 집중하고 있습니다. 밸류 트랩에 빠진 저평가보다는 성장성에 대한 기대가 있는 종목들을 찾으려고 해요.

매크로 차원의 변화도 얽혀 있어요. 과거 한국 경제가 정상적인 성장을 보였을 때는 우직한 가치 위주 투자의 성공 확률이 높았습니다. 미운 오리가 많았더라도 경제가 좋으면 미운 오리 몇 마리는 정신 차리고 놀라운 백조가 되는 경우가 종종 있었어요. 그런데 경기가 장기 저성장에 빠지다 보니 미운 오리가 정신을 차려도 백조가 되기 어려운 상황이 된 겁니다.

이에 따라 여러 전문가가 딥 밸류[8]에 있는 기업들 성과를 어떻게 해석해야 할지 많이 고민했어요. 리처

---

8 딥 밸류(Deep value): 종목의 밸류에이션 지표를 산출한 후 시장에서 거래되는 가격 대비 가치가 현저하게 높은 주식을 말한다.

드 번스타인(Richard Bernstein)의 <스타일 투자 전략(Style Investing: Unique Insight Into Equity Management)>이라는 퀀트의 고전을 보면 '시장의 희소가치가 무엇인지 생각해야 된다'라는 문구가 있습니다. 저는 지나치게 딥 밸류에 있는 종목들보다 어느 정도 가치를 인정받은 기업들 중 성장성을 보유한 기업들에 집중하고 있어요. 이는 운용 규모가 커지고 모멘텀 전략 실행이 어려워지면서 자연스럽게 변화한 모습일지도 모르겠습니다.

퀀트에 대한 관심이 높아지면서 퀀트가 만능인 것처럼 포장되기도 합니다. 퀀트 기법을 사용하면 무조건 대박이 난다고 오해할 여지가 있는 만큼 실패 사례를 살펴보는 것도 도움이 될 것 같습니다.

워런 버핏이 예전에 했던 말이 있어요. 적당한 회사의 주식을 아주 낮은 가격에 사는 것보다 멋진 회사의 주식을 적당한 가격에 사는 것이 좋다고요. 예전의 저는 워런 버핏이 왜 그렇게 말했는지 이해를 못 했어요. 애널리스트 시절 적당한 회사의 주식을 아주 낮은 가격에 사는 모델을 백테스팅 하면 수익률이 무척 좋았거든요. 무엇보다 당시는 시장 상황이 좋았어요. 결국

2011년에 직접 운용하고 싶어서 삼성증권 프랍 부서에서 일하기 시작했죠. 퀀트에 관심이 많은 분은 이 말만 들어도 아마 한숨을 쉬실 거예요(웃음).

2011년에 많은 변화가 있었습니다. 제가 너무나 싫어하는 IFRS 회계 기준이 한국에 처음으로 적용되기 시작한 시점입니다. 저는 지금도 IFRS 도입은 잘못된 선택이라고 생각해요. 그래도 2011년 초반에는 몇 년 전 리먼 사태[9]에 따른 대공황의 공포를 성공적으로 극복해 나가면서 새로운 희망의 분위기가 점차 형성되던 상태였습니다. 그런데 당시 예상치 못한 일들이 많이 터졌어요. 2011년 9월을 전후로 유럽 신용 위기, 미국 신용등급 조정이 차례로 발생하면서 금융 시장이 난리도 아니었죠. 30년 넘게 글로벌 시장에서 트레이딩의 대가로 알려진 분이 본인 생애에 이렇게 폭력적인 시장은 처음 봤다고 업로드한 포스팅을 읽은 기억

---

9 리먼 사태: 2007년 발생한 서브프라임 모기지 사태(Subprime mortgage crisis) 중 대표격인 리먼 브라더스(Lehman Brothers Holdings Inc.,)의 파산을 말한다. 미국의 초대형 모기지론 대부업체들이 파산하면서 전 세계 금융 시장에 신용경색을 불러온 연쇄적인 경제 위기다.

이 있습니다. 전 세계 퀀트를 포함한 대부분의 펀드 성과가 좋지 않았고 제가 개발했던 모델도 갑자기 성과가 나빠졌어요. 그전까지 운용 성과가 좋아서 자신감도 생기고 많은 동기부여를 얻었는데, 큰 악재가 생기니 대응하기 힘들었습니다. 제가 새로운 일을 시작하면 늘 예상치 못했던 일들이 많이 생기는 편입니다(웃음).

워런 버핏이 말했던 담배꽁초 투자 방식의 위험을 온몸으로 이해했던 시기이기도 합니다. 덕분에 좋은 교훈을 몇 가지 얻었어요. 퀀트가 좋은 접근 방식이지만 금융 시장에 성배는 존재하지 않는다는 점, 하나의 전략을 절대적으로 믿으면 안 되고 시장의 변화에 유연하게 대응하거나 위험 관리를 감당할 수준에서 투자해야 한다는 점, 정신력이 흔들렸을 때 스스로 추스를 수 있는 능력이 퀀트에게도 매우 필요하다는 점이에요. 잭 슈웨거가 쓴 <시장의 마법사들: 세계 최고의 트레이더들과 나눈 대화>에서 수많은 시장의 구루들도 대부분 한 번 이상 이러한 실패를 겪었다는 내용을 읽은 적이 있어요. 역시 이론으로 익히는 것과 실제 시장에서 싸우는 경험은 많은 차이가 있다는 사실을 힘들게 배웠습니다. 금융 시장도 경험이 매우 중요한 산업입니다.

여러 퀀트 전문가가 꼽는 퀀트의 장점 중 하나가 룰 베이스(Rule-based) 투자 방법이라는 특성입니다.

미국 매사추세츠 공대(MIT)에 앤드류 로(Andrew W. Lo) 교수님이 계세요. 직접 헤지펀드도 운용하는 훌륭한 분이에요. 그분이 금융 위기를 앞둔 2007년에 10년 후 2017년이 되면 퀀트에게 무슨 일이 생길지 예측해 보는 자료를 발표한 적이 있어요. 퀀트는 굉장히 힘들어질 것이라고 결론을 내렸죠. 여러 기법과 컴퓨터 관련 기술이 발전하는 속도를 보면 과거의 알파가 10년 후에도 존재하는 것이 이상한 일이라고 봤던 거죠. 현재 그대로 맞닥뜨리고 있습니다. 매크로 지표도 불확실성이 높고. 이런 상황에서 정신력이 흔들리지 않을 만큼 매우 탄탄한 모델을 가지고 있다는 주장은 행운이거나 오해일 거예요. 행운이면 좋겠지만 오해일 가능성이 높습니다. 시장이 변화하고 성장하기 때문에 과거의 결과물로 현재의 성과를 판단하기는 어렵죠.

2018년 12월 21일 파이낸셜 타임스(Financial Times)에 '시장 추세에 급격한 반전이 대형 퀀트 펀드들의 성과를 해쳤다'라는 기사가 나왔습니다. 지금도 시장에서 존경받는 유명 퀀트 회사들의 저조한 성과가 주제였어요. '솔직히 말하면 올해 아무 것도 작동하지 않았어요'라는 자조적인 퀀트 헤지펀드 매니저의 인터뷰가 기억납니다. 낯선 모습이 아니에요. 전 세계에서 똑똑하다는 사람들이 모여서 운용하는 퀀트 펀드들도 최근에는 쉽지 않은 시장 상황을 맞닥뜨리고 있습니다. 과거에 작동했던 방법이 미래에도 잘 적용될 것인지 생각할 때 쉽지 않지만 역시 시장의 변화와 경제 환경을 조심스럽게 봐야 합니다.

그래서 전 이대로만 하면 미래에 매년 몇십 퍼센트 수익률을 올릴 수 있다는 주장을 접하면 우선 조심스러워집니다. 그렇지 않을 확률이 더 높고 그 주장이 옳다 하더라도 실행 가능한 조건이 까다로울 수 있거든요. 예를 들어 벤저민 그레이엄(Benjamin Graham)이 이야기한 순현금 가치[10]가 시장 가치보다 높은 주식들이 있죠. 그런 주식들이 가끔 시장에 등장해요. 그런데 매수하려고 하면 거래가 잘 안 돼요. 해당 주식을 보유하고 있는 투자자는 그 주식이 저렴하다는 사실을 다 알아요. 제3의 투자자도 매수하려고 하면 지속적으로 주가를 끌어올려야 돼요. 매도하려면 끌어내려야 하고요. 운용 규모가 100억 원 이상인 경우에는 적용하기 힘든 전략입니다.

룰 베이스는 분명 매력적인 이야기입니다. 그러나 그것을 실행하기 위해서는 투자 철학, 그리고 운용하는 규모의 적합성, 기다릴 수 있는 시간 등을 모두 고려한 다음 선택해야 해요.

앞서 언급했듯이, 과거의 데이터로 미래를 추정할 수밖에 없다 보니 퀀트 분석 방법의 유효성에 대한 의문을 제기할 수 있습니다.

자주 듣는 질문 중 하나인데요. 과거 데이터를 이용해

---

10   순현금 가치(Net cash value): 한 기업의 회계 장부상 부채를 모두 갚고 손에 쥘 수 있는 실제 현금 가치를 계산한 금액을 말한다.

서 다변수 회귀 모형을 돌렸는데 앞으로도 성과가 좋을 것이라는 보장이 어디 있느냐는 거죠. 굉장히 중요한 질문이에요. 수많은 데이터를 가지고 분석하다 보면 우연에 근거해 성과가 좋은 모델을 만들어 낼 수도 있습니다. 하지만 미래에는 작동하지 않을 겁니다.

데이터 스누핑[11]이라는 용어가 있어요. 데이비드 라인웨버(David. J. Leinweber)가 쓴 <Nerds on Wall Street: Math, Machines and Wired Markets>라는 책에 소개된 용어입니다. 저자가 많은 데이터를 다루다 우연히 스리랑카 목장에 있는 소 개체 수와 미국 S&P 지수의 상관관계가 99.99%라는 농담 식의 연구 결과를 이야기한 적이 있어요. 연구를 접한 한 미국 기자가 주식 시장을 예측하려면 스리랑카의 소를 들여다봐야 한다고 기사를 썼나 봐요. 난리가 났죠. 유명한 데이터 스누핑의 사례이고, 실제로 많은 통계 전공자가 데이터 마이닝 형태의 접근 방식에 조심스러운 모습을 보이는 이유이기도 합니다.

---

11 데이터 스누핑(Data snooping): 분석을 검증하기 위한 데이터 패턴을 일반화하여 매우 낙관적인 추정을 하는 오류를 의미한다.

분명 데이터 스누핑이 존재하지만 수백, 수천 개 모델을 엄격한 제약하에 동시에 작동시키면 의미 있는 요인을 찾아내서 평균적인 성과가 좋아질 것이라는 입장도 있습니다. 반면 저처럼 예전 방식에 익숙한 전문가들은 과거에 발생한 사건에서 경제적인 이유를 찾아내어 말이 된다 싶을 때 적용을 해요. 합리적인 특성을 찾아내서 미래에도 반복될 수 있다는 최소한의 이론적 근거를 도출해 내야 그 모델을 사용할 수 있는 거죠.

과거의 일이 미래에도 동일하게 반복된다고 예측하는 건 다소 위험합니다. 하지만 <톰 소여의 모험(The Adventures Of Tom Sawyer)>을 쓴 마크 트웨인(Mark Twain)이 이런 말을 했어요. '과거는 그대로 반복되지는 않을지라도, 분명 그 운율은 반복된다'라고. 과거의 일이 동일하게 재현된다고 보기는 힘들지만 투자자들의 행태는 변하지 않아서 미래에 어느 정도 비슷한 경향을 보일 것이라고 기대하죠. 사실 이는 퀀트뿐 아니라 모든 투자자의 기본적인 접근 방식이라고 생각합니다.

처음 정한 투자 원칙을 고수하는 것과 시장 상황에 맞춰 전략을 변경하는 것 중에 어떤 방법을 선호하나요?

계속 어려운 질문을 주시네요(웃음). 결국 선택의 문제가 되겠죠. 국내 펀드 매니저의 경우 벤치마크 대비 펀드 수익률이 6개월에서 1년 정도 지속적으로 못 미치면 일자리의 안정성이 흔들린다고 알고 있어요. 실제로 장기적인 관점의 투자 성과를 내기가 힘든 상황이죠. 해외에서는 매니저를 조금 더 기다려주는 것 같아요. 정확히는 펀드 매니저보다 펀드의 투자 원칙을 기다려주는 거죠. 투자 원칙이 마음에 들어서 그 원칙에 돈을 맡긴 사람이 존재하는 거예요. 성과가 단기적으로 좋지 않더라도 펀드 매니저가 거짓말하지 않고 투자 원칙을 잘 지켰으면 언젠가 성과가 좋아질 테니 기다릴 수 있는 거죠. 안 좋은 시기를 인내할 수 있는 성격의 자금이라면 룰 베이스 투자를 고집해도 좋아요. 다만 그 원칙은 좋은 철학에 기반해야겠죠. 반면 단기적인 성과가 중요한 자금이라면 시장의 국면이 변했을 때 환경을 무시할 수 없을 듯합니다. 이 경우 시장 국면에 저응하는(Market adaptive) 모델을 선택할 수 있습니다. 듀얼 모멘텀[12]과 같은 전략이 단순하면서도 이에 어울리는 전략이겠네요.

학계와 실무에서 논쟁이 되는 주제 중 하나가 효율적시장가설(EMH)에 대한 부분입니다.

저는 대체로 EMH가 맞지 않다고 생각합니다. 다만 운용 규모가 커지면 원하지 않아도 결과적으로 EMH에 가까워지게 됩니다. 즉 시장 초과수익을 단기적으로 발생시키기 힘들어지는 거죠. 따라서 대형 펀드는 어느 정도 EMH를 가정하고서 운용하는 게 편할 듯하고, 개인 투자자라면 굳이 고려하지 않아도 돼요. 워런 버핏도 EMH를 굉장히 싫어하기로 유명하잖아요.

요즘은 여러 이유로 과거보다 시장 효율성이 좋아졌어요. 하지만 EMH를 믿기에는 아직 불안정한 면이 많습니다. 눈에 보이는 시장 버블이 발생할 때가 있잖아요. 바이오 업체가 신약을 개발한다고 하는데 얼마

---

12 듀얼 모멘텀(Dual momentum): 투자 자산 가운데 상대적으로 강세를 보이는 곳에 투자하는 상대 모멘텀에다 투자 자산의 절대적 상승세를 평가한 절대 모멘텀을 결합해 위험을 추가로 관리하는 투자 전략이다.

나 팔릴지도 확실치 않은 상태에서 높은 밸류에이션을 만들어 주는 것을 보면 이해가 안 됩니다. 반대로 나쁜 뉴스에 시장이 과민 반응하면서 너무 저평가된 주식들이 등장하기도 하고요. 여전히 시장이 이상하게 움직일 때가 있어요. 이러한 노이즈는 시간이 흐르면서 서로 상쇄되어 장기적으로는 EMH가 작동할 수 있겠지만, 저는 EMH를 믿지 않아요.

시장에 적응하는 퀀트뿐 아니라 퀀트가 시장에 영향을 미치는 부분도 작지 않을 텐데요. 장기 전망은 어떻게 보시나요?

국내 시장만 놓고 보면 시장과 투자자의 특성을 고려할 때, 주식 퀀트가 성장할 거라고 봐요. 다만 그 속도는 점진적일 것으로 생각합니다. 자산배분이나 해외 투자의 경우에도 최근 들어 퀀트가 많이 사용되기 시작했는데, 이 분야의 성장 속도가 더 빠를 것으로 예상합니다. 또 한국 투자자들이 해외에 투자할 때 리서치 인력이나 네트워크를 활용하기 쉽지 않기 때문에 퀀트 접근 방식이 선호될 여지가 있습니다. 현재도 글로벌 퀀트 펀드에서 활약하는 훌륭한 한국 전문가가 많기 때문에 추후 국내에 들어와 전 세계 대상 투자가 진행될 수도 있고요. ETF 시장에서도 성장이 있을 것으로 보고 있습니다.

또 다른 시각인데요. 개인이나 액티브 펀드 매니저가 예전과 다르게 퀀트라는 용어에 익숙해지고 있어요. 데이터를 이해하고 분석할 수 있어야 한다는 생각이 많아지고 있다는 의미죠. 시장 한 편에서는 도저히 이해할 수 없는 움직임이 나오겠지만, 전반적인 시장 참여자의 이해도나 대응 방식이 성숙해질 거예요. 제가 어릴 때는 금융에 대한 지식이 거의 전무했어요(웃음). 지금은 어려서부터 금융을 접하고 교육도 많아지고 있잖아요.

긍정적인 영향이 많을 것으로 기대하시는군요.

퀀트적인 투자가 활성화되는 것은 한국 금융 시장이 성장하는 자연스러운 과정이라고 봐요. 부정적인 면이 있다면 현재 국내 시장의 상황이에요. 국내에서 퀀트 운용을 시작하려 할 때 전문가들의 능력에 비해서 시장이 그리 우호적이지 않은 경우가 종종 있어요. 안타까운 부분입니다. 훌륭한 실력을 갖춘 전문가가 많은데 말이죠. 많은 노력이 시도되고 있어서 앞으로 변화할 거라고 봅니다.

국내 시장에서 고빈도 매매(HFT)는 어떤 수준으로 진행되고 있나요? 더불어 미국 등 선진 시장에서 HFT가 어떤 의미를 가지는지도 궁금합니다.

제 전문 영역이 아니어서 말씀드리기 쉽지 않겠네요 (웃음). HFT를 수행하는 퀀트는 기술적 지표나 매수-매도 스프레드 등을 사용해서 마켓 메이킹이나 차익 거래를 해요. 이 분야는 미국 등 선진 시장에서도 알파를 내기 점점 어려워지고 있습니다. 시장 경쟁이 치열해지다 보니 힘든 상황이 된 거예요. 한국 시장도 마찬가지여서 개인은 물론이고 웬만한 기관 투자자도 접근하기 쉽지 않을 거예요.

그만한 인프라를 구축하기 위한 투자가 어렵기도 해요. HFT 펀드를 운용하는 미국 헤지펀드의 매니저를 만난 적이 있어요. 헤지펀드의 아시아 본부 리더였는데, 본인 회사에 서버만 200대 넘게 있고 박사급 인력이 40명 있다고 하더라고요. 물론 실제로 돌리는 투자 전략도 수천 개라고 들었습니다. 그런 집단과 같은 시장에서 동일하게 경쟁해야 하잖아요. 한두 종목이 아니라 모든 종목을 동시에 분석하며 이들이 가진 노하우를 뛰어넘으려면 엄청난 투자를 해야 하는데 국내에는 이렇게 투자할 수 있는 기관이 많지는 않을 거예요. 다만 한국의 증권거래세가 축소, 폐지되는 쪽으로 바뀌면서 거래비용이 감소할 경우 일부 도입될 여지는 있습니다.

하나의 큰 산업 분야가 될 정도로 성장한 인공지능 기술이 금융 업계에도 적용되고 있을까요? 적용되고 있다 해도 한계점이 분명 존재하겠죠.

우선 금융 자동화와 투자는 구분해야 합니다. 자동화 부문은 AI가 많이 도입되었습니다. 향후 직업이 가장 많이 없어질 부문이 금융 오퍼레이션 인력이라는 전망도 있습니다. 투자에도 인공지능을 도입하려는 시도와 분석이 이루어지고 있습니다. 재미있는 점은 아직 인공지능을 활용해 의미 있는 알파를 찾기가 어렵다는 거예요. 설령 시뮬레이션 결과가 매우 좋다고 해도 데이터 스누핑의 가능성이 높아요. 수없이 많은 데이터를 학습한 인공지능이 도출한 결과를 보면 우연일 수도 있고 시장 국면이 바뀌는 지점일 수도 있어요. 인공지능은 학습된 영역(Domain) 내에서는 잘 작동해요. 하지만 학습되지 않은 영역에서는 힘들죠. 끊임없이 변화하는 금융 시장에는 학습되지 않은 데이터가 정말 많이 생겨요. 인공지능으로 접근하기는 어려워요. 바둑은 게임의 룰이 정해져 있잖아요. 룰 안에서 많은 변화가 있을 수 있지만 그 변화는 대체로 예측 가능하고 대응할 수 있어요. 최적화의 문제죠. 그런데 바둑을 두다가 갑자기 장기판으로 룰이 변하면 인공지능도 잘 몰라요. 자율주행차도 이 부분이 큰 화두라고 알고 있습니다.

이 분야에서 가장 유망한 회사가 있다면 구글일 거예요. 금융 관련 데이터를 다룰 수 있는 좋은 도구를 많이 보유하고 있어요. '구글이 금융업으로 진출하면 기존 금융사들은 정말 힘들어지겠구나' 생각했던 적이 있습니다. 워낙 방대한 데이터를 갖춘 데다 개발할 수 있는 여력이 많으니. 다만 예전에 구글에 다니는 박사 한 분을 만나서 이런 이야기를 나눴는데, 구글은 생태계를 만드는 데 관심이 많아서 금융업에는 진출하지 않을 거라고 예상하더군요. 남에게 욕먹을 짓 싫어한다면서(웃음). 이런 맥락에서 인공지능이 금융, 특히 투자 부문에 제대로 적용되는 시기기 언제 올지 아직은 예측하기 어렵다고 생각합니다.

대표의 위치에 있다 보면 퀀트 팀 구성에 대한 고민도 많겠어요.

퀀트는 많은 사람이 필요하지 않아요. 셀 사이드와 바이 사이드의 차이는 있겠네요. 제가 있었던 셀 사이드는 초기 한 명에서 시작해서 결국 팀장인 저와 주니어 애널리스트 한 명, RA 두 명이 팀을 이뤘습니다. 이렇게 구성된 이유는 그 회사가 대형 증권사였고 다른 기관 투자자들의 요청 사항이 많아서 그만큼 인력이 필요했기 때문이에요. 반면 중소형 증권사는 애널리스트 한 명과 RA 한 명이 팀이 되기도 합니다. 운용사의 퀀트는 핵심 인력 세 명이면 최소 인원이 될 듯합니다. 시장의 큰 그림을 그리고 모델 설계 방향성을 잡을 수 있는 리더 한 명, 실제로 모델을 설계하는 개발자, 데이터를 다룰 수 있는 사람 이렇게 세 명이요.

퀀트를 알고 싶고 퀀트 분야로 진로를 고민하는 사람들에게 추천하고 싶은 콘텐츠가 있나요?

처음 접하시는 분들에게는 제가 2011년에 작성했던 '퀀트는 어떤 도움이 될까'라는 보고서도 나쁘지 않을 것 같네요(웃음). 지금은 좋은 자료가 정말 많습니다. 교과서로는 에드워드 치안(Edward E. Qian)

이 쓴 <Quantitative Equity Portfolio Management: Modern Techniques and Applications>라는 책이 있습니다. 수학을 꽤 많이 사용했어요. 깊이 있는 접근 방식이라고 생각해요. 예전에 증권사에 있을 때 팀원들과 이 책을 가지고 스터디를 했었어요. 동일한 제목의 김대환 교수님 책도 개념을 잡는 데 많은 도움이 됩니다. 파이썬이나 R을 활용한 퀀트 투자 방법을 소개한 책도 많이 나오고 있습니다. 이런 책을 보면서 스스로 모델을 짜 보는 것도 도움이 됩니다.

오래된 책이지만 <Nerds on Wall Street: Math, Machines and Wired Markets>도 추천합니다. 이 책은 한국어판이 없는데 정말 재밌어요. 최근에 나온 책으로는 영주닐슨 교수님의 <월스트리트 퀀트 투자의 법칙>이 있어요. 이외에 각종 교육 프로그램도 활성화되어 있고 온라인에서 코드를 짜면서 아이디어를 공유하는 재미있는 사이트들도 있습니다. 조금만 노력하면 과거보다 쉽게 관련 자료를 접할 수 있어요.

그리고 투자라는 다소 특이한 행위를 이해하기 위해서는 대가들의 아이디어를 익히는 것도 도움이 됩니다. <스노볼(Snowball : Warren Buffett and the Business of Life)>이라는 책을 추천해요. 퀀트 관련 책은 아니지만 퀀트의 일부 철학이 들어 있어요. 워런 버핏의 투자 철학이 진화하는 과정을 볼 수 있습니다. 버핏도 투자 초창기에는 벤저민 그레이엄을 존경하며 퀀트처럼 철저히 숫자 중심으로 투자했어요. 어느 순간 평생의 파트너인 찰리 멍거(Charlie Munger)를 만나고, 필립 피셔(Philip Fisher)의 <위대한 기업에 투자하라(Common Stocks and Uncommon Profits)> 등의 영향을 받으면서 '그동안의 내 투자는 담배꽁초만 줍는 투자였을지도 모르겠다'라는 생각을 하기 시작했어요. 이미 성공한 투자자로서 운용 규모가 꽤 커진 상태라 변화를 꾀해야 할 때였거든요. 위대한 기업에 투자해서 성장 가치를 얻는 것이 안정적인 투자라는 생각이 들었죠. 경제적 해자[13]는 아마도 그때부터 버핏이 가장 주목한 성장 가치였을 겁니다. 관련하여 <모닝스타 성공투자 5원칙(The Five Rules for

---

13 경제적 해자(Economic moats): 해자는 본래 중세 시대에 적의 침입을 막기 위해 성 둘레에 파 놓은 연못을 말한다. 경제적 해자는 특정 기업이 신규 경쟁자에 대한 진입장벽을 구축해 경쟁우위를 지속적으로 유지할 수 있도록 보유하고 있는 경쟁력을 의미한다.

Successful Stock Investing: Morningstar's Guide to Building Wealth and Winning in the Market)>이라는 책이 있습니다. 이 책을 쓴 팻 도시(Pat Dorsey)는 경제적 해자를 강조했어요. 워런 버핏이 생각하는 '위대한 기업'과 관련이 높은 개념이죠. 퀀트와 경제적 해자를 동시에 이해할 수 있다면 훌륭한 시장 참여자가 될 수 있다고 생각합니다.

개인 투자자들이 퀀트 애널리스트의 보고서에서 인사이트를 얻으려면 어떤 점을 유의해서 봐야 할까요?

개인 투자자들은 기업 분석 보고서를 볼 때 목표 주가에 크게 의미를 두는 경우가 있어요. '유명 증권사가 어떤 종목에 대해 목표 주가 10만 원을 외치면 10만 원 가야 한다'라는 식이죠. 사실 목표 주가 제시는 보고서 발행 목적의 1/10도 안 될 거예요. 모든 보고서는 회사의 펀더멘탈을 외부에 있는 개인이나 기관이 이해할 수 있도록 돕는 역할을 하는 것입니다. 분석 대상 기업의 사업이 잘 돌아가고 있는지 설명하는 데 중점을 두죠. 이를 토대로 한 판단은 개별 투자자들의 영역입니다.

마찬가지로 퀀트 보고서 작성 방법론에 대한 이해를 하면 좋을 것 같습니다. 퀀트 보고서는 대부분 트레이딩 관점에서 제시돼요. 퀀트는 범위가 넓지만 깊이는 얕아요. 여러 종목을 추천했을 때 정말 말도 안 되는 종목이 들어 있을 수 있어요. 데이터만 봤을 뿐이지 개별 종목을 살펴본 것은 아니거든요. 따라서 방법론을 이해한 상태에서 제시된 포트폴리오 종목 중에 투자자 본인이 스스로 아이디어를 찾을 수 있다면 그것만으로도 충분하다고 봅니다. 상장된 2,000개 넘는 종목 중에서 괜찮은 종목이 무엇인지 알아내기에 퀀트도 꽤 좋은 접근 방식이거든요.

해외 금융 취업 시장에서는 이미 공학 계열 전공자를 선호한다는 기사를 심심찮게 접할 수 있습니다. 국내 역시 비슷한 추세인지 궁금합니다.

과거보다는 이과 출신에 대한 채용 수요가 많아졌어요. 기본적인 코딩은 할 수 있기를 바라는 편입니다. 제가 삼성증권에 처음 입사했을 때 IT 인력 외에는 이과 출신 직원이 거의 없었어요. 제가 수학을 전공했다고 하면, 다들 '너는 어떻게 여기 들어 왔니?'라는 말을 많이 하셨거든요(웃음). 양날의 검이라고 봐요. 지금은 상황이 많이 바뀌었습니다. 오히려 금융에 관심 있는 이공계 출신이 지원을 하면 예전보다는 훨씬 긍정적인 관점으로 고려될 거예요. 경제나 경영을 전공했는데 코딩도 꽤 잘한다면 괜찮다고 생각합니다. 공학 교육을 받은 사람들은 세상에 정답이 있다고 생각해요. 시장이 자기 모델대로 작동하지 않으면 좌절하고 화를 내기도 합니다. 이런 태도가 너무 완고하면 같이 일하는 사람들이 힘들 수 있어요.

반면 상경 계열 출신은 투자라는 세계가 살아 있고 일정 부분 예술의 영역이라고 생각하는 경향이 있어요. 퀀트는 투자를 과학으로 만들기 위해 노력하는 사람들이라고 정의할 수도 있어요. 하지만 금융의 본질은 완전히 과학이 될 수 없어요. 유연함이 필요합니다. 이러한 유연성은 문과 출신의 강점이죠.

언젠가 자연과학 출신의 주니어 퀀트 애널리스트 한 명이 개인 SNS에 '문과는 퀀트에 관심도 갖지 마라. 우리를 절대 따라오지 못한다'라고 포스팅한 적이 있습니다. 사실이 아니에요. 물론 특정 영역은 바로 따라잡기 어려운 부분이 있기도 합니다. 하지만 대부분은 극복 가능합니다. 예를 들어 퀀트에서 사용되는 코딩 능력은 본인이 노력하면 시간이 오래 걸릴지언정 따라잡을 수 있어요. 결국 코딩도 언어잖아요. 훌륭한 퀀트 투자가가 되기 위해서는 코딩만 필요한 것이 아니라 회계, 경제, 인문학에 대한 지식과 소양이 있어야 해요. 경제에 대한 지식을 가지고 있는데 코딩을 할 수 있다면 'Why not?'이죠. 결국 이과와 문과가 만나는 지점이 있습니다. 이과 출신이 퀀트라는 직군에 유리한 것이 사실이지만 본인이 수학과 코딩에 관심이 많은 문과 전공자라면 문제될 게 없다고 생각합니다.

기본적인 능력 이외에 퀀트 전문가로서 갖춰야 할 마음가짐이 있다면요?

얼마 전 체르노빌 사태와 관련한 미국 드라마를 봤습니다. 한 장면에서 러시아 속담이 등장해요. 미국 대통령이 언급해서 더 유명해진 속담이에요. '신뢰하라, 그러나 검증하라(Trust but verify)'. 퀀트뿐 아니라 한국의 금융 시스템은 모두 미국의 시스템을 벤치마크로 활용하고 있습니다. 미국 시장에서는 어느 정도 검증이 됐다는 상품과 전략이 자주 소개되죠. 하지만 무조건적으로 국내 시장에서 작동하겠다는 생각을 버리고 검증해야 합니다. 실제로 검증해 보면 같은 전략이 국내 시장에서는 작동하지 않는 경우가 발생하기도 합니다. 국가별로 경제의 속성, 데이터, 규제 등에서 차이가 발생합니다. 열심히 배우려는 호기심이 필요하지만 신중해야 합니다. 미국 시장에서 작동하는 법칙이라도 한국 시장에 적용 가능한지 검증할 필요가 있습니다. 아니면 국내 사정에 더 좋은 방법을 찾는 것도 가능하겠지요. 간혹 이러한 차이를 모르고 해외의 금융 상품을 그대로 복제하다가 낭패를 보는 경우가 발생합니다.

본인이 보고 있는 데이터나 투자 논리가 왜 지금과 같은 모습인지 충분히 이해하기 위해 깊게 생각하는 훈련을 해야 합니다. 다양한 분야의 논문을 보면서 현 상황에서 실제로 구현 가능한지 검증하는 과정이 필요해요. 정답이 있다는 확신을 갖지 않아야 합니다. 정답일 수 있겠다는 추측은 괜찮아요. 하지만 내 논리만 옳다는 경직된 사고를 하면 다칠 수 있습니다. 시장은 그리 만만치 않아요.

이제 막 사회생활을 시작하는 분들에게 하고 싶은 말

이 있어요. 워런 버핏은 사람을 잘 선택하라고 말했죠. 파티장에 가더라도 이야기할 가치가 있는 소수의 사람을 찾는 게 중요하다고요. 무엇보다 사람이 중요하다는 말을 여러 각도에서 강조했죠. 퀀트가 비록 작은 팀이고 숫자 위주로 움직이지만 같이 일하는 사람이 굉장히 중요합니다. 특히 배울 수 있는 사람과 일할 수 있는 환경이 되어야죠. 저는 운이 좋게도 경영 관리 팀과 리서치 팀에서 훌륭한 분들을 많이 만날 수 있었어요. 감사했죠. '세상은 다 이런가 보다'라는 생각을 가지고 밖에 나와서 다른 조직에 들어갔는데 깜짝 놀랐어요. 같은 회사 내에서도 금융에 대한 지식과 문화가 크게 달라서 힘들었습니다. 지금은 많이 변했겠죠(웃음).

제도권에 속한 전문가가 아닌 일반 개인 투자자도 퀀트 방식을 투자에 적용할 수 있을까요?

가능합니다. 하지만 굉장히 수고스러울 거예요. 퀀트 모델이나 이에 따른 분석 결과를 추천해 주는 프로그램이 많이 생겼습니다. 이 프로그램들을 사용하거나 퀀트 관련 ETF를 활용하면 도움이 될 거예요. 하지만 투자자 본인이 너무 궁금해서 직접 분석해 보기를 원

한다면 시장에 대해 여러 부분을 배울 수 있을 겁니다. 진입장벽이 일부 존재해서 처음에는 시간과 수고가 듭니다. 하지만 분명 값어치 있는 투자가 될 거예요.

퀀트가 아직은 생소한 분야이고 시장 규모도 작습니다. 앞으로 퀀트가 국내 금융 시장에서 어떤 역할을 하고 어떤 의미를 갖게 될지 의견을 듣고 싶습니다.

잘 되겠죠(웃음). 최근에 정말 좋은 참여자들이 많이 유입돼서 예전보다 정교하고 진지한 모델을 개발하려는 시도가 계속되고 있습니다. 언젠가는 더 발전한 모습을 보일 테고, 비단 국내뿐 아니라 전 세계에서 재미있는 역할을 할 겁니다. 새로운 철학이나 아이디어가 세상에 알려지면 쏠림 현상이 발생하는 것 같아요. '와, 대단한 방법이다'라고 몰리다가 결과에 실망하면 '별 거 없네' 하면서 제자리로 찾아갑니다. 세상이 돌아가는 이치인 것 같기도 합니다. 그래도 지금처럼 긍정적인 관심을 통해 언젠가 선순환 구조로 정착되고 퀀트 운용이 더 발전하기를 바랍니다. 한국 사람이 모험심도 많고 수학을 잘 하잖아요. 훌륭한 사람이 많으면 결국 좋은 결과를 낼 것으로 믿어 의심치 않습니다.

THE PERSONS

QUANT DICTIONARY

퀀트 용어 사전

가격가중지수 Price-weighted index

특정 지수를 산정할 때 지수에 포함된 각 주식 종목의 평균주가를 계산해 나타내는 방법이다.

간접투자 Indirect investment

투자자산의 운용에 따르는 위험을 금융 중개 기관이 지는 상품이다. 투자자로부터 자금을 모아 유가증권 등에 투자하는 행위를 말하며 펀드가 대표적이다.

경제적 해자 Economic moats

해자는 본래 중세 시대에 적의 침입을 막기 위해 성 둘레에 파 놓은 연못을 말한다. 경제적 해자는 특정 기업이 신규 경쟁자에 대한 진입장벽을 구축해 경쟁우위를 지속적으로 유지할 수 있도록 보유하고 있는 경쟁력을 의미한다.

고빈도 매매 High Frequency Trading

초당 수백, 수천 번에 이르는 컴퓨터 프로그램에 의한 매매를 의미한다.

공매도 Short sale

가격 하락이 예상되는 시점에 시세차익을 내기 위한 전략이다. 자산을 보유하지 않은 상태에서 해당 자산을 차입해 매도한 후 결제일 이전에 다시 매수하여 매입자에게 갚아야 한다.

과적합 Overfitting

모델이 실제 변수들 간의 관계보다는 과거 학습 데이터의 노이즈를 중점적으로 설명하는 경우를 말한다.

구조화 상품 Structured products

주식과 채권 또는 여타 기초자산의 결합은 물론 파생상품을 편입하여 맞춤형 수익구조를 구현하는 금융 상품을 말한다.

기술적 분석 Technical analysis

주식 시장을 비롯한 금융 시장을 분석하고 예측하는 기법 중 하나다. 주로 가격 그래프(차트)를 이용해 분석한다. 기본적 분석과 대비된다.

기업공시 Corporate disclosure

기업이 경영 관련 중요 정보(영업실적, 재무상태, 합병, 증자 등)를 이해관계자들에게 정기·수시적으로 공개하는 행위다. 투자자 스스로 자유로운 판단과 책임하에 투자결정을 할 수 있도록 하는 제도에 근거한다.

뉴 노멀 New normal

이전에는 비정상적인 것으로 보였던 현상이 점차 흔한 표준이 되어가고 있다는 것을 의미한다. 경제 분야에서는 세계 금융 위기와 경제 침체 기간을 겪으며 저성장, 지금리, 저물가가 지속되는 현상을 말한다.

대수의 법칙 Law of large number
많은 횟수의 시도가 이루어지면 해당 시도의 평균값은 기대값과 가까워진다는 통계 이론이다.

데이터 마이닝 Data mining
대규모로 저장된 데이터 안에서 체계적이고 자동적으로 통계적 규칙이나 패턴을 찾아내는 방법을 의미한다.

데이터 스누핑 Data snooping
분석을 검증하기 위한 데이터 패턴을 일반화하여 매우 낙관적인 추정을 하는 오류를 의미한다.

데이터 핸들링 Data handling
주어진 본래 데이터를 분석에 적합한 형태로 변형하고 가공하는 작업을 의미한다.

듀얼 모멘텀 Dual momentum
투자 자산 가운데 상대적으로 강세를 보이는 곳에 투자하는 상대 모멘텀에다 투자 자산의 절대적 상승세를 평가한 절대 모멘텀을 결합해 위험을 추가로 관리하는 투자 전략이다.

디버깅 Debugging
컴퓨터 프로그램이나 시스템의 정확성 또는 논리적인 오류(버그)를 검출하여 제거하는 과정을 말한다.

딥 밸류 Deep value
종목의 밸류에이션 지표를 산출한 후 시장에서 거래되는 가격 대비 가치가 현저하게 높은 주식을 말한다.

랩어카운트 WRAP account
다양한 금융 상품을 하나의 계좌로 관리할 수 있는 종합 자산관리계좌를 말한다.

레버리지 ETF Leveraged ETF
일반적인 ETF와는 달리 자기 자본 이외의 부채를 차입해서 투자하고 운용하는 ETF 상품을 말한다. 일반 ETF 대비 더 높은 수익률을 얻기 위한 전략이다.

로보어드바이저 Robo-advisor
로봇(Robot)과 어드바이저(Advisor)의 합성어로 알고리즘, 빅데이터 분석 등을 통해 개인의 투자 성향을 반영하여 자동으로 포트폴리오를 구성하고 운용하는 온라인상의 자산 관리 서비스를 말한다.

롱 온리 Long-only
주식이나 채권 등을 산 뒤 오를 때까지 보유하는 투자 전략을 말한다.

롱숏 페어링 Long-short pairing
매수를 의미하는 롱전략(Long-strategy)과 매도를 의미하는 숏전략(Short-strategy)을 복합적으로 구사해 둘 이상의 투자 상품(또는 투자 종목) 간 가격 차이를 이용한 투자 수익 창출 전략을 의미한다.

르네상스 테크놀로지 Renaissance technologies
미국의 수학자 제임스 사이먼스(James Simons)가 본인이 연구했던 패턴 인식 이론을 실제 금융 시장에 적용해 보기 위해 1982년 설립한 헤지펀드다. 2019년 기준 $110B 규모의 자금을 운용하고 있다.

리먼 사태
2007년 발생한 서브프라임 모기지 사태(Subprime mortgage crisis) 중 대표격인 리먼 브라더스(Lehman Brothers Holdings Inc.,)의 파산을 말한다. 미국의 초대형 모기지론 대부업체들이 파산하면서 전 세계 금융 시장에 신용경색을 불러온 연쇄적인 경제 위기다.

리밸런싱 Rebalancing
운용하는 자산의 편입비중을 재조정하는 행위를 말한다.

마켓 메이킹 Market making
증권 시장에서 활발한 거래를 촉진하고 거래 비용을 줄이기 위해 시장에 유동성을 공급하는 행위를 의미한다.

만기수익률 Yield To Maturity
현재 시점에서 채권을 매입하여 만기까지 보유하는 경우에 투자자가 얻을 수 있을 것이라고 예상되는 연간 평균

수익률을 의미한다.

매개변수 Parameter

수학과 통계학에서 어떤 시스템이나 함수의 특정한 성질을 나타내는 변수를 의미한다.

매크로 변수 또는 요인 Macroeconomic factor

지역 또는 범국가적으로 광범위하게 영향을 미치는 경제적, 재무적, 지정학적, 환경적 요인을 의미한다. 금리, 환율, 유가 등 세계 경제 전반에 영향을 미치는 경제 지표가 대표적이다.

맨데이트 Mandate

보통 금융 분야에서 맨데이트는 자금을 위탁한 기관 또는 개인 투자자가 자금을 운용하는 수탁자에게 운용 시 지켜야 할 조항들을 정리해 둔 지시사항을 의미한다.

멘탈 모형 Mental model

인간이 모든 분야에 대한 지식을 학습할 수 없음을 인정하되, 다양한 분야의 지식을 습득해서 자신의 사고 체계를 발전해 나간다는 이론이다.

모델링 Modeling

금융 분야의 모델링은 포드폴리오를 구성하거나 해당 포트폴리오의 리스크를 측정하기 위해 사용된다. 여러 수리통계적 기법을 응용해 알고리즘을 구축하며 모델 개발자의 핵심 투자 아이디어가 반영되어 있다.

모멘텀 Momentum

과거 일정 시점 가격과 현재 가격을 비교함으로써 현재 가격이 상승 추세에 있는지 하락 추세에 있는지 판단하는 개념이다.

몬테카를로 시뮬레이션 Monte Carlo simulation

난수를 이용하여 함수의 값을 확률적으로 계산하는 알고리즘이다. 수학이나 물리학에서 자주 사용되며 계산하려는 값이 닫힌 형식으로 표현되지 않거나 복잡한 경우 값을 근사적으로 계산하기 위해 사용한다.

바이 사이드 Buy side

주로 자산운용사, 연기금, 헤지펀드 등을 지칭하며 셀 사이드의 보고서와 직접 분석을 토대로 보유하고 있는 자금을 투자 및 운용하는 금융 기관을 통칭한다.

바텀업 Bottom-up

기업을 먼저 분석한 후 산업과 경제를 분석하는 방법을 의미한다.

백테스팅 Backtesting

특정 투자 전략을 과거 시점부터 현재까지 구현했을 때 어떤 성과가 나올지 시뮬레이션하는 기법을 말한다.

밸류에이션 Valuation
기업, 업종, 시장 등의 평가 대상에 내재된 가치 대비 시장 평가 수준을 의미한다.

뱅가드 그룹 The Vanguard group
1974년 존 보글이 설립한 세계 최대 인덱스 펀드 운용사다. 최초의 인덱스 펀드를 대중에 소개했다.

베타 β
시장포트폴리오의 위험과 같은 기준이 되는 지표와의 상대적인 변동성비율 등을 의미한다. 개별 주식이나 포트폴리오의 위험을 나타내는 상대적인 지표다.

벤치마크 지수 Benchmark index
특정 포트폴리오 성과를 평가하기 위해 기준이 되는 지수를 의미한다.

변동성 Volatility
일정 기간 가격의 상승과 하락을 측정하는 척도로써 일반적으로 과거 일정 기간 동안 주가의 수익률에 대한 표준편차로 나타낸다.

부티크 Boutique
대형 종합사와 자문사 등에서 특정 영역에 대한 전문성을 확보한 뒤, 소규모 인원이 팀을 이뤄 여러 투자 전략으로 고부가가치를 추구하는 소형 운용사를 말한다.

브리지워터 어소시에이츠 Bridgewater Associates

1975년도에 레이 달리오(Ray Dalio)가 설립한 미국 헤지펀드다. 연금펀드, 재단, 외국정부, 중앙은행 등 기관투자자들을 대상으로 1,200억 달러 규모의 자산을 운용하고 있다.

블랙록 BlackRock, Inc.

1988년 래리 핑크와 로버트 캐피토 등 8명의 인원이 설립한 자산운용사다. 주식형 펀드를 운용하는 기업으로 출발했으나 모기지저당증권(Mortgage Backed Securities) 시장에 진출한 후 단숨에 업계 상위권으로 도약했다.

블록딜 Block deal

증권시장에서 정규 거래 시간 외에 이뤄지는 대규모 주식 거래를 의미한다. 시간 외 대량매매로도 불리며 대주주, 외국인, 기관 등이 주로 활용하는 매매 방식이다.

비정형 데이터 Unstructured Data

일정한 규격이나 형태를 지닌 숫자형 데이터(Numeric data)와 달리 그림이나 영상, 문서처럼 각 형태와 구조가 달라 구조화되지 않은 데이터를 말한다.

상품화폐 Commodity currency

금이나 은과 같은 원자재 기반 화폐를 의미한다. 현재 주로 사용하는 지폐 같은 명목화폐(Nominal currency)와 달리 상품 또는 원자재의 내재적 가치를 지니고 있다.

선물, 옵션 Futures, Option
대표적인 파생상품이다.

세이버메트릭스 Sabermetrics
야구에 게임 이론과 통계학적 방법론을 적극 도입하여 기존 야구 기록의 부실한 부분을 보완하고, 선수의 가치를 비롯한 '야구의 본질'에 대해 좀더 학문적이고 깊이있는 접근을 시도하는 방법론이다. 기존 주먹구구식 선수 평가론을 전면 부정하고, 야구선수에 대해 좀 더 객관적인 평가를 하기 위해 창안된 이론이다.

셀 사이드 Sell side
주로 증권사, 투자은행 등을 지칭하며 자산을 분석한 후 애널리스트 보고서를 통해 투자를 권유하는 금융 기관을 통칭한다.

소비자물가지수 Consumer Price Index
가정이 소비하기 위해 구입하는 재화와 용역의 평균 가격을 측정한 지수다. CPI의 변동률로 인플레이션을 측정할 수 있다.

순현금 가치 Net cash value
한 기업의 회계 장부상 부채를 모두 갚고 손에 쥘 수 있는 실제 현금 가치를 계산한 금액을 말한다.

스마트 베타 Smart Beta

단순히 지수를 추종하는 것에서 나아가 밸류, 모멘텀, 퀄리티 그리고 로우볼 등의 팩터를 정량적으로 구성하고 지수화하여 투자하는 전략을 의미한다.

스테이트 스트리트 글로벌 어드바이저 State Street Global Advisors

스테이트 스트리트 사의 투자 운용 부문으로써 세계에서 세 번째로 큰 규모의 자산을 관리한다.

시계열 Time series

일정 시간 간격으로 배치된 데이터들의 수열을 말한다.

신경망 Neural network
서포트 벡터 머신 Support vector machine
로지스틱 회귀 Logistic regression
의사결정나무 Decision tree

모두 머신러닝 관련 주요 기법이다.

알파 α

특정 자산이나 포트폴리오가 벤치마크 지수 대비 얼마나 높은(혹은 낮은) 수익률을 거뒀는지 측정하는 지표다.

앙상블 모델 Ensemble model

머신러닝에서 여러개의 모델을 학습시켜 그 모델들의 예

측결과들을 이용해 하나의 모델보다 더 나은 값을 예측하는 방법을 말한다.

액티브 펀드 Active fund
뛰어난 개별 종목 또는 투자 전략을 적극적으로 사용해 시장 대비 초과 수익을 목표로 자금을 운용하는 펀드다. 보통 기업 탐방 등 정성적인 분석이 개입된다.

어셈블리어 Assembly language
기계어와 일대일 대응이 되는 컴퓨터 프로그래밍 언어 중 저급 언어다.

연방공개시장위원회 의사록 FOMC minutes
미국 연방공개시장위원회 정책 결정 회의 2주 후에 공개되는 상세 기록이다. 연방공개시장위원회의 통화정책에 대한 입장을 자세히 살펴볼 수 있으며 향후 금리 결정에 대한 단서를 얻는 데 주로 활용된다.

외생변수 Exogenous variable
독립변수 이외의 변수로 종속변수에 영향을 주어 이를 통제하지 않으면 연구결과의 내적 타당도에 문제가 되는 변수를 의미한다.

웹 스크래핑 Web scraping
웹 사이트 상에서 원하는 부분에 위치한 정보를 컴퓨터로 하여금 자동으로 추출하여 수집하는 기술을 말한다.

유동비율 Current ratio

기업의 단기 채무 지급능력을 알 수 있는 기초적인 비율로, 유동자산에서 유동부채를 나누어 산출한다.

이중 상장 Dual listing

한 종목의 주식이 둘 이상의 거래소에 상장되어 있는 것을 말한다.

익스포져 Exposure

리스크에 노출되어 있는 금액을 의미하는 것으로, 노출된 리스크의 유형에 따라 시장리스크 익스포져, 신용리스크 익스포져 등으로 구분된다.

인버스 ETF Inverse ETF

여러 파생상품을 사용해 기초 자산 가격 또는 지수가 하락할 때 수익을 발생시키는 전략 ETF 상품이다.

인지과학 Cognitive science

인간의 마음과 동물 및 인공적 지적 시스템(artificial intelligent systems)에서 정보처리가 어떻게 일어나는가를 연구하는 학문이다.

자기자본이익률 Return on Equity

기업의 순이익(Return)을 순자산(Equity)로 나눈 비율이다. 기업의 보유 순자산을 활용해 어느 정도의 순이익을 창출했는지 나타내는 대표적인 수익성 지표다.

자산양수도
대상 회사의 유, 무형 자산 또는 부채의 전부 또는 일부의 개별적 이전을 의미한다.

자연어 처리 Natural Language Processing; NLP
인간의 언어 현상을 컴퓨터와 같은 기계를 이용해서 모사 할수 있도록 연구하고 이를 구현하는 인공지능의 주요 분야다.

적응적시장가설 Adaptive Market Hypothesis
EMH와는 달리 개인들이 과거 경험과 최선의 추측에 기반하여 의사결정을 하고 그 결과에 대한 긍정적·부정적 강화를 통해 선택을 수정할지 지속할지 학습하는 진화적 양상을 보인다고 주장하는 가설이다.

전진분석 Forward analysis
과거의 일정 구간에서 시스템을 최적화한 다음 변수 그대로 미래 기간에 적용함으로써 신뢰도를 측정하는 분석 방법이다. 미래 현상이 과거와 똑같이 움직인다는 보장이 없다는 전제하에 수행한다.

주가수익비율 Price to Earning Ratio
주가(Price)를 기업의 이익(Earnings)으로 나눈 비율이다. 기업이 창출하는 순이익 대비 시장에서 어느 정도의 가격으로 평가받고 있는지를 나타내는 대표적인 지표다.

주가순자산비율 Price to Book Ratio
PER과 비슷한 개념으로, 주가가 기업의 순자산(Book asset) 대비 몇 배의 배율로 시장에서 평가받고 있는지 나타내는 지표다.

주식 선택 모델 Stock selection model
가장 선호하는 특성을 지닌 주식을 골라내 해당 종목에만 투자하는 퀀트 전략이다.

주식워런트증권 Equity Linked Warrant
특정 대상물을 사전에 정한 미래의 시기에 미리 정한 가격으로 사거나 팔 수 있는 권리를 갖는 증권이다.

지정가주문장부 Limit order book
현재 거래소에서 특정 가격으로 매수 또는 매도 거래를 원하는 여러 지정가주문을 기록한 장부다.

직접투자 Direct investment
투자자산의 운용에 따르는 위험을 투자자가 지는 상품이다. 상당한 투자 지식과 경험, 정보력, 시간 등이 필요한 투자로 주식투자가 대표적이다.

차익거래 Arbitrage
서로 다른 두 개 이상의 시장에서의 가격 차이를 이용하여 수익을 내는 거래를 의미한다. 주로 대형 펀드 등에서 프로그램을 사용해 짧은 시간 단위로 꾸준히 수익을 내는 방식으로 사용된다.

컨퍼런스 콜 Conference call
상장사가 기관 투자가와 증권사 애널리스트 등을 대상으로 자사의 실적과 향후 전망을 설명하기 위해 여는 전화 회의를 의미한다.

컴파일 Compile
특정 언어로 쓰인 코드를 다른 언어로 바꿔주는 컴퓨터 용어다.

케이맨 제도 Cayman Island
카리브 해에 있는 영국 영토다. 조세피난처로 유명하여 많은 자산운용 회사, 특수목적 회사(SPC)가 케이맨 제도를 기반으로 설립되어 있다.

퀀트 스크리닝 Quant screening
특정 조건(연간 매출 성장률, PER 등)을 기준으로 상장된 주식들을 분석하여 조건에 해당하는 종목들만 추려내는 작업을 의미한다.

탑다운 Top-down
거시경제에서 시작해 산업을 분석하고 기업을 가장 나중에 분석하는 방법을 의미힌다.

턴어라운드 Turn around
구조조정·조직개혁·경영혁신을 통해 실적 개선 등이 이뤄진 넓은 의미의 기업 회생을 뜻하는데, 주식시장에서의 '턴어라운드'는 실적이 크게 개선돼 주가가 상승하는 기업을 말한다.

투자은행 Investment bank
도매금융, 즉 기업이 발행하는 증권의 인수·주선 등을 담당한다. 일반 상업 은행(Retail bank)과 구분된다.

틱 Tick
최소가격변동 단위로 거래소가 상품에 따라 정하는 가격 단위다.

파마 프렌치 모형 Fama-French factor model
1992년 유진 파마 교수와 케네스 프렌치(Kenneth French) 교수가 제시한 모형으로 주가의 기대수익률을 결정하는 요인은 시장요인(Market risk), 규모요인(Size risk), 가치요인(Value risk)으로 구성된다는 이론이다. 이후 영업수익성(Profitability)과 자본투자(Investment) 요인을 추가해 5요인 모형으로 발전했다.

파생결합증권 Equity Linked Security
특정 주식 또는 다수 주식의 가격이나 주가지수 수치의 변동에 따라 지급 이익이 결정되는 증권이다.

패널 데이터 Panel data

종단자료(Longitudinal data)라고도 하며, 여러 개체를 복수의 시간에 걸쳐서 추적하여 얻는 데이터를 말한다.

패시브 펀드 Passive fund

증권시장의 장기적 성장 추세를 전제로 주가지표의 움직임에 연동되게 포트폴리오를 구성하여 운용함으로써 시장의 평균 수익을 실현하는 것을 목표로 하는 펀드를 말한다. 고수익을 위한 위험하고 적극적인 투자 대신 수익이 낮더라도 안정적이고 수동적으로 투자하는 방법으로, 지수를 목표로 하기 때문에 인덱스 펀드라고도 한다.

팩터 모델 Factor model

자산의 수익에 영향을 미치는 공통된 팩터를 발견하고 분석해서 특정 팩터를 통계적으로 정립하여 투자하는 모형을 의미한다.

펀더멘탈 Fundamental

특정 자산이나 자산 집단의 가치를 결정하는 데에 근간이 되는 요소들을 의미한다. 주식투자의 경우 재무자료, 사업성, 경쟁자 대비 차별성 등을 분석해 펀더멘탈의 강도를 추정한다.

페어 트레이딩 Pair trading

상관관계가 높은 두 금융 상품을 대상으로 동시에 한 상품을 매수하고 또 다른 상품을 매도해서 적은 위험으로 확실한 수익을 얻는 시장 중립적인 매매방법이다.

평균-분산 포트폴리오 Mean-variance portfolio

자산의 가치는 미래의 기대수익률과 위험이라는 두 요소에 의해 결정되며 기대수익률이 높고 위험이 작을수록 자산의 가치는 높아진다. 여러 투자 대상 중 수익률의 표준편차로 측정한 위험 수준이 동일한 경우, 가장 위험이 낮고 수익률이 높은 포트폴리오를 의미한다.

프랍 트레이딩 Proprietary trading

수익 창출을 목표로 하는 금융 회사가 고객의 돈이 아닌 자기자본으로 수행하는 거래를 의미한다.

플래시 크래시 Flash crash

'갑작스러운 붕괴'란 뜻으로 금융 상품의 가격이 매우 짧은 기간 내 폭락하는 것을 의미한다.

피처 엔지니어링 Feature engineering

원시 데이터로부터 데이터의 특성을 추출하고 이를 머신러닝 모델에 적합한 형식으로 변환하는 작업이다.

핀테크 Fintech

금융(Finance)와 기술(Technology)의 합성어로 금융 분야에 최신 IT 기술을 적용해 부가가치를 높이는 금융 기술을 의미한다.

행동경제학 Behavioral economics

이성적이며 이상적인 경제적 인간(Homo economicus)을 전제로 한 경제학이 아닌 실제적인 인간의 행동을 연구하여 이들이 어떻게 행동하고, 이에 따라 어떤 결과가 발생하는지를 규명하기 위한 경제학이다.

헤지펀드 Hedge fund

여러 금융 기법을 이용하여 최소한의 손실로 최대한의 이익을 얻는 것을 목표로 하는 투자 방식 또는 투자 방식을 사용하는 펀드를 의미한다. 소수의 투자자들을 비공개로 모집하여 절대수익을 남기는 형태가 주를 이루며 리스크가 높고 정부의 규제가 적은 편이다.

호가 Quote

시장에서 매매거래를 하기 위해 매도 또는 매수의 의사 표시를 하는 행위를 말한다.

환노출 Exchange exposure

환율 변동이 기업 가치에 얼만큼 변화를 주게 될지 사전에 측정하여 수량화한 개념을 의미한다.

횡단면 분석 Cross-sectional analysis

시계열 분석에 대응되는 분석 기법이다. 동일 시점 또는 동일 기간에 여러 변수에 대하여 관찰된 자료를 이용하여 분석한다.

효율적시장가설 Efficient Market Hypothesis

모든 정보가 현재 가격에 즉각적으로 반영되기 때문에 시장이 효율적이라고 표명하는 이론이다. 가격은 합리적이기 때문에 투자자들이 지속적으로 시장을 이기는 것은 불가능하다고 주장한다. 많은 투자자가 EMH와 시장 수익률을 이기기 위해 노력해 왔으며 워렌 버핏(Warren Buffett)이 대표적인 EMH 반대론자다.

히든 레이어 Hidden layer

신경망 모델 안에 있는 여러 개의 뉴런층(Neuron layer) 중에서 입력층(Input layer)과 출력층(Output layer) 사이에 위치한 여러 뉴런층들을 의미한다.

Basis point bp

금리 또는 수익률을 나타내는 기본 단위로 100분의 1%를 뜻한다.

ELS Equity Linked Securities

특정 주식 또는 다수 주식의 가격이나 주가지수 수치의 변동에 따라 지급 이익이 결정되는 증권을 의미한다.

ELW Equity Linked Warrant

주가지수나 주식을 미래의 특정한 시기에 약정한 가격으로 사고 팔 수 있는 권리를 갖는 증권을 의미한다.

FX 시스템 트레이딩 FX System Trading

서로 다른 통화 현물환을 증거금으로 매매할 수 있는 상품 거래를 의미한다. 만기일 및 실물인수도 없이 청산 후 차액만 정산하는 거래를 기반으로 하며 알고리즘을 통해 매매할 경우 FX 시스템 트레이딩이 성립된다.

IFRS International Financial Reporting Standards

국제 회계 기준이다. 국가별로 상이한 회계 기준을 사용하고 있어 글로벌 기업간 비교가 어렵고 신뢰성이 떨어지는 문제점을 보완하기 위해 국제회계기준위원회에서 제정한 회계 기준이다. 우리나라에서는 2007년 12월에 한국채택국제회계기준(K-IFRS)을 제정했다.

IR Invetor Relations

투자자들을 대상으로 기업 설명 및 홍보 활동을 하여 투자 유치를 원활하게 하는 활동을 말한다.

OJT On-the-Job Training

기업 내에서 실습을 통해 업무에서 필요한 사항을 몸에 익히는 현장 교육을 말한다.

PB Private banking

금융 포트폴리오 전문가가 거액의 예금자를 상대로 수익을 올리도록 컨설팅 해 주는 업무를 의미한다.

RA Research assistant

애널리스트를 도와 기업 분석 리서치를 위한 자료 조사 등 전반적인 업무를 돕는 연구원을 말한다.

TF Task Force

상설 정규 부서 또는 조직과는 다르게, 특정 업무를 해결하거나 사업 목표를 달성하기 위해 전문가 등을 선발하여 '임시로 편성한 애드혹(Ad hoc)조직'을 의미한다.

호스피탈리티 hospitality

방문객을 기쁘게 맞이하여 후하게 접대하는, 즉 환대의 의미를 갖고 있다.

INTERVIEWEES

만난 사람들

**Person
01.**

남용수
자산운용사 퀀트운용팀장

**퀀트는
원칙을 지킨다**

Person
02.

힌대경
자산운용사 PDI팀장

**퀀트는
필연적이다**

Person
03.

이현열
보험사 데이터 애널리스트

**퀀트는
수익률로 판단하지 않는다**

Person
05.

박원정
은행 퀀트 연구위원

**퀀트는
개인화를 추구한다**

Person
04.

강봉주
증권사 퀀트 애널리스트

**퀀트는
선택의 문제가 아니다**

**Person
06.**

이민재
투자회사 퀀트운용역

**퀀트는
일관된 의사 결정
과정이다**

Person
07.

김대환
경제학 교수

**퀀트는
임의성을 배제한다**

Person
08.

안혁
증권사 퀀트 애널리스트

**퀀트는
전천후다**

Person
09.

이기봉
투자회사 대표

**퀀트는
넓고 자유롭다**

THE PERSONS
Professional interview collection 01

QUANT *Number-driven investment*

초판 2020년 3월 24일 | **개정판** 2020년 11월 16일

발행인 이시용

디자인 이율희

사진 배대웅

교정·교열 오원영

발행처 더퍼슨스

출판 등록 2020년 1월 7일(제 2020-000043호)

주소 서울시 서초구 강남대로107길 21, 대능빌딩 2층(잠원동)

홈페이지 thepersons.imweb.me

전자우편 thepersons.interview@gmail.com

SNS @thepersons_official

ISBN 979-11-969833-2-1 03070